El cártel chilango

El cártel chilango

Origen, poder y saña de La Unión Tepito

ANTONIO NIETO

Grijalbo

El cártel chilango
Origen, poder y saña de La Unión Tepito

Primera edición: noviembre, 2020

D. R. © 2020, Antonio Nieto

D. R. © 2020, derechos de edición mundiales en lengua castellana:
Penguin Random House Grupo Editorial, S. A. de C. V.
Blvd. Miguel de Cervantes Saavedra núm. 301, 1er piso,
colonia Granada, alcaldía Miguel Hidalgo, C. P. 11520,
Ciudad de México

www.megustaleer.mx

ISBN: 978-607-319-110-4

Impreso en México – *Printed in Mexico*

El papel utilizado para la impresión de este libro ha sido fabricado a partir de madera
procedente de bosques y plantaciones gestionadas con los más altos estándares ambientales,
garantizando una explotación de los recursos sostenible con el medio ambiente y beneficiosa para las personas.

Penguin
Random House
Grupo Editorial

Índice

Nota al lector 9

1. Un *abuelo* dominó Tepito 15
2. La Unión Tepito y su falso gemelo 41
3. El clan de Garibaldi 69
4. El ascenso del Betito 85
5. Cien gatilleros chilangos amenazaron Cancún 105
6. Unión versus Anti-Unión 121
7. De *narcofresas* a feminicidas 155
8. La red de lavado 183
9. En las entrañas de La Unión 191
10. Caja negra 209

Epílogo 229

Nota al lector

Este libro se nutrió de decenas de testimonios vivos y consultas a numerosos expedientes, pero también de entrevistas a exmiembros de La Unión cuyas identidades, por razones de seguridad, no pueden ser citadas. Su aportación fue valiosa, pues lo que recuerdan de su involucramiento en el crimen organizado, lo que atestiguaron, no aparece en ningún informe policial o averiguación. Mucha de la personalidad de los personajes mencionados en este libro se obtuvo a través de ellos. Los diálogos reproducidos aquí provienen de gente que estuvo presente en el momento en que éstos tuvieron lugar, de videos recuperados de los teléfonos de algunos detenidos o de las declaraciones hechas ante el Ministerio Público o un juez durante una audiencia. Por esta razón, en el libro aparecen términos del habla cotidiana de la Ciudad de México —como *chilango*— que se emplean para describir la realidad con las propias palabras y conceptos de sus protagonistas, y nunca con el fin de denostar o ridiculizar.

En resumen, escribir este libro fue un viaje a través del periodismo más profundo, el que intenta observar todo a través de los ojos de los protagonistas de la historia, víctimas o victimarios, con los sinsabores y pesadillas que eso implica.

Lo que está a punto de pasar, para los cuatro hombres de pie, es un ritual que celebra su poder absoluto sobre el vencido. Un ritual de muerte. Son verdugos que no usan capuchas medievales sino chillantes sudaderas Adidas. En cambio, el hombre que está a sus pies, hincado bajo la regadera, maniatado y con la cabeza caída sobre su pecho, está por entrar al infierno y disolverse en él.

En el cuarto donde se encuentran no hay más que un inodoro y bolsas de plástico negro colocadas en el piso. Una luz lechosa proyecta las sombras de los verdugos sobre el cuerpo semidesnudo de su víctima, quien recobra de a poco la conciencia y suelta algunos balbuceos debajo de la cinta plástica que clausura sus labios.

—¡Cállese, hijo de su puta madre! —le ordena el que lleva el mando, mientras se pone unos guantes de electricista. Por lo que se ve y por lo que dicen, todos andan entachados y periqueados, presas del ansia que crece y brota de sus ojos fuera de órbita. Uno echa la visera de su gorra hacia atrás, otro se arremanga. El joven apenas respira porque el plástico con que le han envuelto parcialmente su rostro impide que la sangre coagulada siga escurriendo de su nariz.

—Sale, pues, háganlo carnitas —sentencia el mandón, y es como si hubiera desatado a tres hienas hambrientas frente a un antílope herido e inmóvil. Uno le corta las ataduras de las manos e inmediatamente los otros dos le sujetan los brazos.

Un machetazo.

Dos.

Tres.

Se multiplican los jadeos y las burlas hacia el derrotado. La sangre escurre sobre el azulejo. Los verdugos gruñen, con un respirar furioso como dirigido por los golpes de un tambor. La víctima se retuerce. El que sujetaba un brazo se frota un ojo para limpiarse las gotas salpicadas. El que machetea se seca el sudor con la manga de su chamarra y sigue. No se detiene hasta que casi termina. La metanfetamina lo enardece. Resopla, aprieta el mango del machete y reanuda su brutalidad. Hay un quinto hombre que solamente hace el registro gráfico del asesinato y lanza arengas para que los otros amacicen.

—¿Ya viste, perro, que estabas por la verga? ¡La Uva es la mera verga, perro! —clama al tiempo que el hombre del machete batalla para consumar el ritual que, según ellos, los une con la Muerte y los volverá, a los ojos de sus patrones, algo más que simples gatilleros que se apiñan en una motoneta y cargan una 9mm. Se sienten en el umbral de los jales más importantes de La Uva, como apodan sus miembros a La Unión —el cártel chilango—, allí donde serán temidos entre los temidos, pero también donde se pacta una sociedad con la locura y se disuelve el ser bondadoso que alguna vez hubo dentro.

El cenit del rito llega cuando el que sostenía el machete alza la cabeza de su víctima. Soberbio y sudoroso la exhibe ante los demás, que bufan eufóricos o sueltan breves gritos de triunfo. Aún tienen los puños apretados de tensión, los rostros enrojecidos por el calor y así miran fijamente la cabeza que el líder agarra por el pelo, meneándola como si fuera un botín. Ese hombre está a punto de finalizar este ritual. La serie de imágenes, hoy bajo resguardo de las autoridades, no especifica dónde se perpetró el desmembramiento ni cuándo. Tampoco se menciona el nombre de la víctima. En la última fotografía aparece el sicario —que aún sostiene la cabeza— y una sola frase: "Estuvo rico".

1

Un *abuelo* dominó Tepito

Bienvenido a Tepito: las manos callosas de tanto chingarle, la piel grafiteada que se despelleja por lo viejo de los muros. Allí se deslizan las historias de quienes viven en sus pasadizos, allí se estrellan las balas que erraron el blanco y la lluvia enjuga las lágrimas de quienes lloraron a sus muertos. Tepito trae los ojos rojos de puro desvelo, de tanto humo que dejan los incendios internos de sus habitantes. En este barrio, muy pocos son dueños de su destino. Cada quien le reza a su propio santo, pero después de todo, de tanta chinga, el barrio es el barrio y se le respeta, se le cuida. Así ha sido siempre y bajo esa premisa se fundó el cártel chilango.

Esto lo tenía claro un hombre al que apodaban *El Abuelo*, a quien su compadre, Arturo Beltrán Leyva, *El Jefe de Jefes*, uno de los narcotraficantes más poderosos de la historia mexicana, le preguntó con malicia: "¿A poco vas a dejar que La Barbie se meta a tu barrio?"

Tan cercano a Arturo Beltrán como lo eran los presuntos traficantes Mario y Alberto Pineda Villa —hermanos de María de los Ángeles, ex primera dama de Iguala, Guerrero, investigada y procesada, junto con su esposo, José Luis Abarca, por la desaparición forzada de 43 normalistas de Ayotzinapa—, El Abuelo aguardó un momento antes de replicar. Tal vez pensara que la cizaña estaba salpicada del finísimo whisky que ambos saboreaban, maridada con perico colombiano al que, a últimas fechas, Arturo Beltrán se había aficionado. Bien sabido era que El Jefe de Jefes y Édgar Valdez Villarreal, *La Barbie*, traían rencillas, por lo que la pregunta tenía más filo. El orgullo es fácil de aguijonear, más entre los mafiosos de envergadura; por ende, la respuesta no podía ser otra: "Con la gente unida, me chingo a la muñequita". En ese instante quedaron marcados no sólo los siguientes años en el Barrio Bravo sino en toda la Ciudad de México, la cual quedó a su suerte, echada al aire en esa fastuosa mansión del 274 de Peñas, en la exclusiva zona del Pedregal, unos pocos días antes del 16 de diciembre de 2009, cuando Arturo Beltrán Leyva fue abatido en Cuernavaca por fuerzas especiales de la Marina.

Por esas fechas, en la prensa nacional nada se escribía sobre El Abuelo, cuyo nombre real es Juan Juárez Orozco, aunque se hacía llamar Jorge Castro Moreno —esto se sabría mucho tiempo después, según se fue revelando en periódicos como *El Heraldo* y otros—. Por el contrario, el nombre de Édgar Valdez Villarreal, *La Barbie*, era protagonista de notas y extensos reportajes que lo vinculaban hasta con la farándula. En esos tiempos el Cártel de los Beltrán Leyva se fragmentaba. De un lado se formaron los fieles a "don Arturo" y del otro los rebeldes de La Barbie, quien alguna vez fue su discípulo y socio. El Abuelo, oriundo del centro de la capital, se mantuvo en el bando del Jefe de Jefes y maquinó un plan para unir a las familias del narco en Tepito y formar un cártel que hiciera frente a la inminente incursión de La Barbie, ávido de las jugosas ganancias que deja un sistema de distribución bien aceitado en la capital y su zona metropolitana. Se jugaba un mercado de 27 millones de habitantes, donde 10.3% de éstos ha probado alguna droga ilegal[1] y uno de los trampolines más grandes para enviar estupefacientes a Estados Unidos y Europa: el Aeropuerto Internacional de la Ciudad de México.

En el expediente judicial CR-12197, de la Corte del Distrito Este del Estado de Nueva York, alimentado por informes de la Drug Enforcement Administration (DEA), El Abuelo aparece como un pez gordo de la cocaína: transportó al menos 35 toneladas al año para los Beltrán Leyva y para Ismael *El Mayo* Zambada, líder del Cártel de Sinaloa, todo a través del aeropuerto capitalino. Según los informes del agente de la DEA, Brian R. Crowell, "una vez que la cocaína llegaba [de Sudamérica] a las costas de México, Juárez Orozco y sus socios la transportaban al Distrito Federal y de ahí la enviaban a los Estados Unidos".

---

[1] Encuesta Encodat Conadic 2017, página 168.

Con ese volumen de tráfico sorprende cómo este hombre fue capaz de mantener un perfil tan bajo. Es el chilango que más droga ha metido a Estados Unidos y lo hizo sin pertenecer estrictamente a un cártel. Había llegado la hora de formar uno.

El Abuelo es un hombre de estatura media, complexión atlética por ser adepto a los gimnasios, giro en el que ha incursionado en diferentes estados del país. Su apodo hace referencia a su cabello canoso, que lo hace aparentar más edad de la que se le calcula —unos 45 o 50 años—. Para 2010, este capo movía mensualmente ocho toneladas de coca pura, parte de la cual se quedaba en el mercado local, con sus aliados en Tepito, quienes alimentaban a su vez a cientos de distribuidores en otras partes de la ciudad y el Estado de México. Tenía decenas de "oficinas" en la capital, Cancún y Morelos, pero su base de operaciones estaba en la calle que lo vio criarse al amparo de su habilidad como comerciante: República de Belice, cerca del Zócalo, donde pasó de vender bisutería a bóxers, ropa deportiva y todo tipo de mercancía que importaba de China. Con el dinero que amasó, El Abuelo compró un par de lanchas rápidas con las que posteriormente llevó de arriba abajo el polvo blanco de sus aliados colombianos del Cártel del Norte del Valle, según asentó años después el Departamento de Justicia de Estados Unidos en su pedido de extradición.

Un hombre sesudo, de maneras tranquilas —como las de un abuelo con sus nietos—, así es Juan Juárez Orozco; a diferencia de su primogénito, Rachid, *El Árabe* —colérico y caprichoso—, quien estuvo a su lado en la conformación del primer y único cártel de Ciudad de México. A la postre, a esta organización criminal la denominaron La Unión, pues pretendía ser justamente eso contra invasores como La Barbie. Durante más de una década, ninguna autoridad se atrevió a aceptar que La Unión fuera un cártel; algunos la calificaron de simple pandilla, todo mientras traficaba cocaína y mariguana hacia los Estados Unidos con independencia de cualquier otro grupo criminal. Fue hasta enero de 2020, durante una entrevista con la periodista de Televisa Danielle Dithurbide, que la recién nombrada fiscal de Ciudad de México, Ernestina Godoy, admitió por primera vez que se enfrentaban a un cártel, que la estrategia de ocultarlo había fracasado.

Por su parte, La Barbie también buscaba crear un cártel capitalino tras enterarse de los movimientos del Abuelo, esto gracias a los soplones que tenía aún dentro del clan de los Beltrán Leyva. Así pues, decidió adelantarse a su contrincante y en mayo de 2010 llegó al Barrio Bravo para pactar con los cabecillas de algunas de las mafias más arraigadas, según publicó el diario *Reforma*. En las vecindades y los tugurios de la zona corría el rumor de que La Barbie iba por todo, que las familias tendrían que someterse a sus designios, que Tepito no sería el mismo ya.

No todos estuvieron convencidos de que las riendas del indomable barrio quedaran en manos de un fuereño y la mayoría se alineó con El Abuelo. Más vale malo por conocido que bueno por conocer, dicen. Otros vieron a La Barbie como una oportunidad para crecer. Tener un proveedor fijo de droga y armamento, un padrino, aunque fuese ajeno a Tepito, podría hacerlos trepar en el árbol criminal chilango. Ellos también se hicieron llamar La Unión, lo cual provocó un fenómeno inédito en la historia del narco mexicano: había dos grupos delictivos con el mismo nombre y enemistados. No es que uno fuera escisión del otro ni que hundieran sus raíces en la misma tierra. Nacieron enemigos. Sólo La Barbie sabe por qué quiso apropiarse del nombre; es probable que para enrarecer la atmósfera y así relativizar el arraigo de los tepiteños. Sólo con un disfraz podía entrar al barrio que, junto con el aeropuerto internacional, es la joya de la corona del narco chilango.

Por algún tiempo la artimaña funcionó. Con esto, la genealogía de La Unión quedó envuelta no sólo en una bruma de confusión que contagió a la prensa y autoridades, sino también en una guerra que en años venideros se le mal llamó intestina. Hoy, a lo largo de *El cártel chilango* se revela y documenta que esta guerra no fue sino un combate sangriento entre dos organizaciones mafiosas que nunca estuvieron unidas. Si bien La Barbie perdió poder en octubre de 2010, cuando policías federales lo arrestaron en el Estado de México, el combustible que inyectó a sus aliados alcanzó para que intentaran materializar su proyecto, algunos bajo el nombre de Unión Insurgentes, grupo que jamás llegó a ser precisamente un cártel, y otros que prefirieron desligarse completamente y conformaron La Mano con Ojos. Por su parte, los que apoyaron al Abuelo clamaron ser los originales, con su aferramiento a la identidad tepiteña por delante, implícita en el nombre: La Unión Tepito.

Para esos entonces, ni la Procuraduría General de la República ni la local tenían claro esto y tampoco anticiparon que, en medio de esta pugna, muerto tras muerto, se gestarían los más recientes líderes del narco chilango, los que de un territorio de paso o refugio para los capos terminaron de convertir a la capital en lo que es hoy: un territorio que se pelea.

A La Unión se le consideró un grupo delictivo doméstico porque supuestamente no traficaba droga hacia Estados Unidos y sus actividades parecían reducirse a la capital —premisa acomodada con calzador en la prensa, sea por la misma protección que recibió o por un fallo en la estrategia para combatir el crimen aquí mismo, en la sede de los poderes mexicanos, donde duerme el presidente y están sentadas las principales multinacionales y embajadas.

En esencia, pese a que El Abuelo es compadre de Arturo Beltrán Leyva, el cártel de La Unión nunca ha sido una extensión de dicho clan —como sí serían Los Rojos o Guerreros Unidos—, pues desde el principio se desbordó con independencia y con una peligrosa capacidad de fuego. Tan es así que La Unión hizo frente a Los Zetas en Cancún al tiempo que importaban toneladas de cocaína directamente de proveedores colombianos a través de la ruta Panamá-Cancún. Se sabe que los grandes cárteles, como el de Sinaloa y Jalisco Nueva Generación, se expanden en territorio nacional e internacional no siempre con miembros directos de su organización sino a través de sucursales que pagan miles de pesos por usar el nombre de la organización mafiosa. Así luchan los sinaloenses y jaliscienses más allá del estado donde sentaron sus reales, por lo que la naturaleza de los cárteles va mutando y su definición debe ser reconsiderada; esto no aplica tanto a los mitos en torno a sus personajes todopoderosos o multimillonarios como Joaquín *El Chapo* Guzmán, sino más hacia su capacidad de independencia, cohesión, longevidad e impacto en su mercado de distribución. Aun así, La Unión encaja en la definición clásica de cártel. Paralelamente, su mercado principal, mas no único —la Ciudad de México y la zona metropolitana del Estado de México, con sus 27 millones de habitantes—, representa un negocio tan redituable como pelear las rutas de trasiego en el norte. Pero claro, la dificultad de operar en la capital supera la de muchas de las entidades hoy en disputa.

Antes de ser detenido en su lujosa residencia levantada muy cerca de la turística Marquesa, La Barbie logró alianzas en Tepito para repartir su droga, consciente de las grandes ganancias que prometía su proyecto. Curioso que, a finales de 2009, para muchas autoridades, la estructura delictiva de La Barbie sí se consideraba un cártel, a lo sumo en ciernes —como el propio Valdez Villarreal se jactó en un video difundido por la policía Federal tras su captura, le había declarado la guerra a Joaquín *El Chapo* Guzmán—. Sin embargo, ese incipiente cártel fue perdiendo terreno ante Héctor Beltrán

Leyva en Guerrero y Morelos, lo mismo que en la Ciudad de México ante El Abuelo, el capo discreto que importaba cocaína para *El Mayo* Zambada y El Jefe de Jefes y que puso de su lado al impredecible e indomable barrio de Tepito. Si La Barbie se apoderaba del Barrio Bravo y abría un puente hacia el resto de la ciudad, aseguraría jugosas ganancias, sobre todo en tiempos donde se complicaba pasar cargamentos a Estados Unidos, ya sea por guerra en las zonas clave o por operativos de autoridades estadounidenses y mexicanas.

Ni para las corporaciones policiacas locales pasaron inadvertidas las dos ocasiones en las que La Barbie puso un pie en Tepito, según ha publicado la prensa nacional y se consigna en el libro *Narco CDMX*: en la primera, en mayo de 2010, entró a una vecindad para pactar con algunas de las narcofamilias. La segunda tuvo lugar alrededor de un mes más tarde, en un estacionamiento de la calle Peralvillo, propiedad de Cristian Omar Larios Tierrablanca, *El Kikín*.

En su perfil público de Facebook, al Kikín se le veía de complexión atlética, barba de candado y alhajas de oro; parecía un junior cada vez que frecuentaba los bares, antros y estacionamientos de su propiedad, ubicados en Polanco, Zona Rosa y Centro, pero según publicó la prensa nacional, en realidad era uno de los distribuidores de drogas más poderosos del Barrio Bravo.[2] Su credencial para votar tenía como

---

[2] http://www.zocalo.com.mx/reforma/detail/ligan-a-homicidios-a-uno-de-la-union.

dirección la colonia Cosmopolita, en Azcapotzalco, aunque era tepiteño de cuna y crianza, harto conocido y saludado por los meros naturales del Barrio Bravo. Apenas bordeaba los 30 años de edad, pero ya presumía arcas llenas y suficiente respeto callejero para no aparecer demasiado en el radar de la prensa o la policía. Era el intermediario ideal para La Barbie, con quien compartía el gusto por los reventones fresas, las mujeres sudamericanas y el coqueteo con la farándula. En los antros se sentaba a brindar con José Jorge Balderas Garza, *El JJ*, encarcelado por balear al futbolista paraguayo Salvador Cabañas.

No es de sorprender, entonces, que fuera El Kikín quien, en aras de echar a andar el plan de La Barbie para tomar Tepito, le presentara al que desde entonces sería un acérrimo enemigo de La Unión: Jorge Flores Conchas, *El Tortas*. Desde Garibaldi y la colonia Guerrero, otra de las más bravas del mapa chilango, El Tortas apoyaría con pistoleros y puntos de distribución. Sin embargo, esta coordinación estaba en pañales en comparación con la de los fieles al Abuelo, que ya estaban listos para el choque, ávidos de enseñar sus hechuras y valor ante los patrones.

De acuerdo con informes de inteligencia de la Procuraduría y la policía capitalinas, el organigrama de La Unión quedó en ese tiempo con El Abuelo al mando y su hijo, Rachid, como segundo. El tercero era Miguel, *El Miguelón*, quien había estado preso en Cancún luego de que una avioneta en la que volaba, cargada de cocaína colombiana, se estrellara en una pista clandestina. Como cuarto estaba Ricardo López Castillo, *El Richard*, individuo de tez morena, barba, complexión robusta y cabello a rape; un tipo orondo y de voz ronca que siempre les exigía a sus subalternos que lo llamaran "señor". Se sabe que fue agente de la Procuraduría General de la República, además de que su esposa nació y vivió muchos años en la calle Alfarería, en la colonia Morelos. Debajo del Richard fue colocado otro nacido en el corazón de esta colonia y del barrio de Tepito: Francisco Javier Hernández Gómez, *Pancho Cayagua*, exgatillero del clan de los Camarillo, reyes de Tepito en los años noventa, convertido en traficante, chofer y secretario del Abuelo. Como jefe de sicarios fue nombrado un hombre de no más de 1.60 m, pero que resaltaba por su liderazgo y su bravura casi suicida: José Alberto Maldonado López, *El Betito*, nacido en la colonia Guerrero. Todos adquirieron nombres clave para identificarse entre ellos. El Abuelo sería llamado *El Quemado*, su hijo, Rachid, ahora era *Dragón*; Ricardo López Castillo sería *El Moco*; Francisco Javier Hernández Gómez adoptó el de *Comandante Negrete* y José Alberto sería *El Chaparro*. Las órdenes las recibirían todos desde Cancún, donde vivían El Abuelo y su hijo Rachid, a través del Richard, quien había sido nombrado líder operativo de la naciente organización delictiva, una especie de CEO mafioso. Pancho Cayagua, su gente y El Betito recibirían pago por trabajo realizado, ya que todavía no eran parte de las ganancias generadas por la venta de droga.

Por su parte, La Barbie también configuró un equipo que aspiraba a desplazar a La Unión e inclusive quedarse con el nombre, el cual jugaba del mismo modo a ser una suerte de símbolo de unificación tepiteña contra poderes externos, a los que disfrazaban de extorsionadores de comerciantes, la otra fuerza económica del barrio desde la migración de zapateros del Bajío en los años veinte. Eso pretendía La Barbie: colarse a Tepito con una máscara mientras sus oponentes morían en la línea antes de permitirlo. La Barbie era ambicioso, movía sus piezas de igual manera al sur de la capital, donde tuvo lugar el Pacto del Ajusco,[3] que tenía como fin asentarse en la estratégica alcaldía Tlalpan, debido a su colindancia con Morelos y el Estado de México. De ese pacto surgió La Mano con Ojos, banda criminal aliada de La Barbie, que a puro descuartizamiento de contrarios y campañas de terror mediático se adueñó no sólo de Tlalpan sino también de Naucalpan y Huixquilucan, hasta su desarticulación dos años más tarde, a mediados de 2012.

Finalmente, en la colonia Romero Rubio se armó otra célula que usaría el nombre de "La Unión" pero con el "Insurgentes" añadido al lado para diferenciarse de la original, la de Tepito. Empero, el plan de La Barbie perdió cohesión tras su captura en septiembre de 2010 y de manera gradual fue tomando otros rumbos, como se verá más adelante en este libro.

[3] Sandra Romandía, Antonio Nieto y David Fuentes, *Narco CDMX*, México: Grijalbo, 2019.

Son las 23:15 horas del 27 de septiembre de 2010 y María Teresa Fortis Mayén, de 35 años de edad, platica desenfadadamente con su vecina Yessica Crisóstomo Rico, de 27. Es la calle Libertad, en Tepito, bulliciosa porque el barrio nunca duerme. Se mezclan los sonidos electrónicos de las máquinas tragamonedas con el parloteo de los que se juntan a jugar poliana y a beber cerveza. Son parte de la atmósfera el vaivén de las motonetas, las cumbias que se escapan de algún ventanal o de las bocinas de un coche y fluyen con el andar de los lugareños. Nadie presta atención a un Bora blanco que se estaciona frente a María Teresa y su vecina. Así, frente a los ojos de los testigos, inyectados súbitamente de perplejidad, seis individuos bajan del automóvil y rodean a las mujeres. Llevan chalecos antibalas con la leyenda "Policía Federal", botas tácticas y rifles de asalto AR-15. A Yessica la obligan a colocarse en los asientos traseros del coche, al tiempo que a María Teresa le quitan su teléfono celular y la obligan a recostarse en posición fetal en la cajuela. En seguida los secuestradores saltan al vehículo y el conductor arranca endemoniadamente hacia la calle Matamoros, según el informe que la Procuraduría capitalina hará del caso y las averiguaciones posteriores.

Con el celular de María Teresa, uno de los plagiarios hace una llamada e instantes después le contesta una voz masculina.

—¿Qué pasó?

—Pasa que levantamos a tu carnala, verguero.

—No se pasen de pendejos —contesta Juan Luis Fortis Mayén, miembro de una de las familias más longevas en el discurrir mafioso de Tepito, aunque el 19 de abril de 2004 alegó que lo que se decía de ellos "eran puras mentiras", por medio de un escrito publicado en el periódico *La Crónica*.

—¿Te vas a alinear con La Empresa o qué? —presiona el secuestrador de María Teresa.

—Ni madres, culeros.

—Alíneate y te la regresamos enterita. No seas pendejo.

Tras un largo silencio, se oye insistir al sicario.

—Van a ser 100 mil al mes, perro, o tu carnala va a ser la primera.

No hay forma de negociar, es rendirse ante el mandato de La Empresa o cantarle la guerra sin vuelta atrás. El silencio de Juan Luis Fortis Mayén se interpreta como respuesta negativa y se corta la llamada.

Consta en el expediente FGAM/GAM-4/T1/2370/10-10 y el FAS/841/10-09 que fueron cuatro días de angustia y rabia para los Fortis, pues María Teresa no aparecía. Su vecina, Yessica, era una mujer inocente que los pistoleros estaban dispuestos a cargarse con la mano en la cintura, todo porque la pelea había comenzado y La Empresa, que no era otra cosa sino la recién formada Unión, estaba de cacería. A las 00:40 horas del 1 de octubre de ese año aparecieron los dos cadáveres: una estaba bocabajo, con los pies y manos atados hacia atrás con cinta industrial gris, la mitad del cuerpo sobre la banqueta y cadera y piernas debajo, con el pantalón y ropa interior a la altura de los muslos. La otra víctima yacía igualmente bocabajo, maniatada de la misma forma pero con la cabeza totalmente envuelta con cinta y colocada casi encima de las piernas de la otra mujer. "Las dejaste morir solas, Fortis", se leía en una cartulina dejada junto a los cuerpos. Las investigaciones arrojaron que los Fortis distribuían droga en complicidad con la familia Villafán y que controlaban unos 12 puntos de venta que dejaban ganancias de hasta 500 mil pesos mensuales. Poner en línea a los Fortis representaba el primer paso, después seguirían los Villafán y sus 20 puntos y luego el resto de las grandes narcofamilias o grupos repartidos por la Morelos y Centro. Si todos caían, el botín mensual de los impuestos que tendrían que costear ascendería a no menos de 10 millones de pesos. Era el objetivo de La Unión. Mientras en Tlalpan los herederos de La Barbie se abrían paso bajo el nombre de La Mano con Ojos, en Tepito sus aliados sucumbían ante La Unión y su brazo armado liderado por El Betito. Veintiséis días más tarde lo confirmaron.

—Quédate, Dany, no vayas —le ruega a Daniel su esposa la tarde del jueves 27 de octubre de 2010. Ambos están con su pequeño hijo dentro de una vivienda de la calle Florida, en Tepito, pero Daniel se cambia de ropa y se dispone a salir para reunirse con unos amigos afuera de una tienda de abarrotes en la calle Granada. Irían al templo de San Hipólito, donde cada fin de mes se acostumbran peregrinaciones para venerar a San Judas Tadeo y, de paso, *cabulear* con los cuates. La petición de su esposa se le resbala a Daniel, como si una fuerza externa, inextricable, lo empujara fuera del hogar hacia la noche y el destino que le aguarda. En Tepito casi nadie tiene comprado su destino. Con una estatuilla de San Judas, santo de las causas perdidas, popularizado en los barrios y estigmatizado como símbolo del pillaje y la vagancia, Daniel deja su casa y minutos después llega al punto de reunión en el 130 de Granada y avenida del Trabajo. Otros cinco muchachos están allí, echando el cotorreo mientras la noche comienza a posarse sobre las calles maltrechas, atiborradas de basura que dejó el trajín tianguero y sus ruidosas vecindades donde todavía hay niños jugando, sin mayor vigilancia o protección que la que supone pertenecer al barrio. A las 18:34 horas, conforme a lo establecido en el expediente FCH/CUH-3/T1/1031/10-10, una camioneta Eurovan dorada frena su marcha justo frente a los seis muchachos. De ésta bajan cinco gatilleros con rifles de asalto y abren fuego contra los peregrinos. Al frente va, presuntamente, El Betito, jefe de gatilleros de La Unión, aunque en ese entonces no se sabía; únicamente un testigo señaló a "un hombre de complexión robusta, de 1.60 de estatura que llevaba una playera azul y un arma larga". La seguidilla de balazos causa tal estruendo que hasta 10 calles alrededor se vacían de gente con la rapidez de quien siente la muerte pisándole los talones. Los objetivos del ataque son Jonathan Óscar Aguinaga Torres, *El Cholo*, de 28 años de edad, y su primo Evert Isaac Hernández Martínez, de 32. El Cholo alcanza a esconderse debajo de un automóvil estacionado metros adelante, pero es descubierto por uno de los pistoleros, el cual camina hasta el coche, se recuesta en el suelo y desde esa posición le dispara. Ya muertas, algunas de las seis víctimas siguen recibiendo tiros, sus cuerpos se cimbran y una voz agonizante es callada por una última y breve descarga. Los sicarios bufan, aún apretando los dientes, alzan sus armas y vuelven a la camioneta, robada horas antes en la colonia Escandón.

Por milagroso que parezca, hubo un sobreviviente, que —se supo después— era en realidad quien había hurtado, a mano armada, la camioneta utilizada en la emboscada. En la tormenta de balas recibió un tiro y fue abandonado por sus cómplices porque fue el soplón que entregó a las víctimas y a su primo, Evert Isaac. Terminó en prisión y cuando obtuvo su libertad tuvo que huir de la capital, pues su cabeza tenía precio. Ante el Ministerio Público declaró lo siguiente:

Me consta que Óscar Jonathan Aguinaga Torres, *El Cholo*, vende mariguana especial y mejorada, llamada mariguana hidropónica, y se la da a mi primo, Evert Isaac Hernández Martínez, para su venta. El Cholo me dijo, con relación a las dos mujeres que habían levantado en la calle Libertad [María Teresa Fortis Mayén y Yessica Crisóstomo Rico], matándolas, las cuales eran del barrio, que estaba preocupado porque ese mismo grupo [La Unión] se quería apropiar de la venta de droga, pues El Cholo era "el bueno" en la calle Granada.

A Daniel, al que su esposa le pidió quedarse en casa esa tarde, tuvieron que velarlo con la caja cerrada, pues su cabeza quedó destrozada por los impactos de bala.

En los días posteriores, las autoridades callaron respecto del móvil del séxtuple homicidio, pero en algunos diarios se manejó la versión de que dos de las víctimas habían participado en el robo de un cargamento de perfumes y por ello su dueño había pagado para liquidarlos. Otra versión, la más simple, era la naciente batalla que libraban La Unión y otros narcos en Tepito, pero nunca se publicó a ciencia cierta a quién respondía El Cholo. Hoy, a casi una década, a este autor le fue detallado el motivo: supuestamente, El Cholo era trabajador de Jorge Flores Conchas, *El Tortas*, que desde hacía unos meses se había adherido al plan de La Barbie de domar el Barrio Bravo junto con el tepiteño mencionado anteriormente, Cristian Omar Larios, *El Kikín*, y sus hermanos Marcos Hugo y Ariel. A este multihomicidio le sucedieron otros asesinatos y emboscadas, donde La Unión también tuvo bajas, mas no significativas. Gracias a que luego de una agresión a tiros contra tres jóvenes fue dejado un mensaje contra La Unión, la Procuraduría capitalina no tuvo más remedio que masticar la idea de que no se podía ocultar por más tiempo la existencia de este cártel al que, sin embargo, redujeron en términos comunicativos a banda delictiva dedicada al narcomenudeo y a extorsionar comerciantes de Tepito. Ignoraban u omitieron que su líder, El Abuelo, ingresaba a México entre cinco y ocho toneladas de cocaína pura al mes. Poco más de la mitad volaba a Estados Unidos, el resto se quedaba en Tepito.

Alguna luz parpadeante ilumina apenas las tres figuras que están al pie de un viejo cancel. Es la entrada al 106 de la calle Jericó, una vecindad cuya fachada es roja y mamey en el día, pero que por la noche no es sino una estructura negra que sólo cobra vida cuando una de sus ventanas llega a iluminarse. Es una noche gélida de enero, día 16, año 2011, pero eso no acalambra a Gerardo, Samuel y Luis, quienes beben cerveza, se fuman un gallo y ríen con desparpajo. Sus carcajadas rompen el silencio de la calle, vacía desde hace horas, pues la colonia Aquiles Serdán, en la Venustiano Carranza, tiene autoimpuesto un toque de queda por los peligros que la acechan. Aquí proliferan las vecindades, casonas en obra negra o apartamentos maltrechos por el olvido de sus dueños. Está a sólo tres kilómetros del aeropuerto capitalino y es vecina de la famosa Romero Rubio, con su mercado y su tradición popular. Será por lo entrados que están en el cotorreo o por el adormecimiento tibio de la mota, pero no se dan cuenta cuando dos individuos bajan de un Bora blanco y se les aproximan con paso amenazante.

—¿Quién es el bueno o qué? —oyen decir a uno de los hombres al que la oscuridad lo convierte en una negrura fantasmal.

No hay tiempo para nada, pues la sombra cobra vida al avanzar hacia el trío. Aparece ante sus ojos el cañón de una pistola calibre 9mm. El que la empuña tiene la mirada encendida y jala el gatillo. Otro lo secunda y Gerardo y Samuel caen al suelo. A Luis se le petrifican las piernas. El pavor lo transforma en una pálida estatua. De un empellón lo meten a la vecindad, pero apenas cruza el umbral recibe una seguidilla de balazos. Cae, pero no muere. Después confesaría a las autoridades que no se le ocurrió fingir su muerte para evitar un disparo final, sino que por unos instantes creyó que en efecto estaba muerto, su cuerpo no le respondía y sus ojos se cerraron con una pesadez como de sueño eterno. En realidad, sólo una bala lo impacta cerca de la axila, pero tendido allí ni siquiera oye el resto de los tiros que le propinan a sus valedores, mucho menos se da cuenta cuando los pistoleros dejan una cartulina verde fosforescente con el siguiente mensaje: "Sigues tú Antuán y Malandrín por sapos."

Un rechinar de llantas. El Bora blanco arranca y cruza la noche con las luces apagadas. Su conductor no ve una patrulla estacionada también sin luces. Pasa por un costado como un soplido y el policía prende la sirena. La unidad P27-45 de la policía y el Bora se enfrascan súbitamente en una endemoniada persecución por el Eje 2 Norte Transvaal y luego por avenida Eduardo Molina. De pronto se oyen balazos que a lo lejos parecen pirotecnia. Un proyectil alcanza la llanta derecha de la patrulla y el volante enloquece. Casi choca con un poste de concreto. Casi. El pie del oficial empuja el pedal de freno, pero los discos gastados hacen que el vehículo tarde en pararse. El oficial sostiene con fuerza el volante; un giro brusco y volcarán. Al fin lo logra, pero los del Bora se esfumaron. Él y su pareja bajan de la unidad, humeante por los plomazos. Se escucha a uno de los oficiales informar por radio a sus superiores.

—Ya los compañeros pidieron K8 a C4. Es afirmativo, jefe, cuatro X4 con X13. Es negativo de Z2 —dice con la voz acelerada por el *rush* de adrenalina. La traducción es: "Ya los compañeros pidieron ayuda al Centro de Comando. Es afirmativo, jefe: cuatro sospechosos con armas de fuego. No hay lesionados".

No pasan ni tres minutos cuando el lugar se llena de patrullas, sirenas, voces agitadas y radios. Un par de horas más tarde la noche chilanga vuelve a quedar en silencio.

La relevancia del ataque no fue dimensionada en la prensa, pero en los cuarteles policiales había una creciente preocupación: Antuán y Malandrín eran sobrino y tío, respectivamente, y también dos narcos de la zona que hasta ese 16 de enero de 2011 parecían intocables. *Malandrín* se llamaba Germán Magaña, tenía dos hermanos, Manuel y César, a quienes en el hampa conocían como Los Malandrines. Harto conocidos en la Romero Rubio, la Simón Bolívar y en la colonia Aquiles Serdán, aunque con bajo perfil más allá de sus terrenos, Los Malandrines controlaban la famosa y trasnochera Zona Rosa y sus alrededores. Informes de la entonces Procuraduría General de la República los vinculaban con Jorge Antonio Armenta Reséndiz, operador del Cártel del Golfo detenido en 2004 con 2 millones de dólares y 154 kilos de cocaína que almacenaba en una residencia de Lomas de Chapultepec, una de las zonas más exclusivas del país. Cuando esta liga se rompió, Los Malandrines acudieron a los Beltrán Leyva y posteriormente a La Barbie, urgido de aliados en la capital y el Estado de México para hacer frente a La Unión y a los fieles a Arturo Beltrán Leyva que los querían muertos.

Los hermanos Magaña fueron ultimados o apresados y con el paso del tiempo abrieron paso a su sobrino Antuán para que se hiciera cargo del grupo delictivo. De sobra ambicioso y con un narcoperfil más *ad hoc* a los tiempos que se vivían, es decir, un perfil más de junior, atlético y de maneras "fresas", Antuán aceptó colaborar con La Barbie aun después de su captura en 2010. Un año más tarde, Antuán y sus cómplices ya se habían expandido más allá de la Zona Rosa a través de avenida Insurgentes, una de las más emblemáticas vías de la Ciudad de México, que la cruza de norte a sur. Los antros, bares y *table dance* que proliferaban en esta avenida fueron tomados por los de Antuán, cuyo nombre real es Edwin Agustín Cabrera Jiménez. Se le veía con su primo Luis Felipe Chávez Cabrera, *El Damián,* en los VIP de la Condesa y Zona Rosa, con camisas italianas, brindando con voluptuosas chicas sudamericanas.

Antuán es de tez blanca, ojos claros y barba perfectamente delineada; pese a ser de la Romero Rubio no tiraba barrio,

como se dice, porque así se lo propuso. Estaba definitivamente más identificado con el look de La Barbie, quien, alto
y rubio, solía vestir playeras Ralph Lauren ajustadas que lo
diferenciaron del cliché de narcotraficante, ese de botas de
cocodrilo, cinturón piteado, bigote y sombrero, tan instalado en el imaginario colectivo. Antuán encabezaría lo que
después se conocería como La Unión Insurgentes, enemi-
ga natural, como ya se dijo, de La Unión Tepito. Este cartel,
desde antes de aquel 16 de enero de 2011 —cuando acribilló
a tres secuaces del Antuán y le dejó un mensaje— ya quería
hacerse sentir más allá del Barrio Bravo. A fin de cuentas, la
expansión siempre es la inercia rabiosa de un grupo mafioso, ese instinto casi animal de despedazar al más débil y rugir
sobre su cadáver.

Las diferencias entre los de Tepito y los de Insurgentes
residían en su manera de hablar, vestir, pensar; los primeros se identificaban con su barrio, los segundos se mezclaban con juniors y la apariencia *flashy* del VIP. Y es que el
mafioso, tarde o temprano, aspira a integrarse a un núcleo
de poder distinto, a legitimarse por lo menos en apariencia. Mientras tanto, El Abuelo movía los hilos de La Unión
desde Cancún, y en el corazón de Tepito ya no había nadie
que les hiciera frente. Sus tentáculos comenzaron a estirar-
se fuera del Barrio Bravo, hacia el oriente por la Venustiano Carranza y hacia el norte por la Gustavo A. Madero, por
lo cual la tensión contra los herederos de La Barbie crecía
con cada anochecer, mientras la tranquilidad de Ciudad

de México, cuyo jefe de gobierno, Marcelo Ebrard, negaba sistemáticamente la operación del crimen organizado, se convertía en un hielo muy delgado sobre el que caminar.

José Alberto Maldonado López, *El Betito*, nació el 15 de agosto de 1981 en Ciudad de México. Su padre, José Maldonado Báez, y su madre, Juana López Muñoz, lo registraron en el Juzgado 5 Civil. Tiene dos hermanos mayores, José Arturo Mauro (26 de abril de 1968), Ramón (3 de noviembre 1974) y ocho hermanas, María Eugenia (1965), María Enriqueta (1967), María Magdalena Judith (1973), María Elizabeth, Rosana Patricia (1976), Ana Lilia Leticia (1978), María Guadalupe Verónica y Gabriela Moramay Carolina, la única menor al Betito, nacida el 6 de septiembre de 1982.

El informe especial "La Unión Tepito", elaborado en 2018 por el Cisen, expone estos lazos familiares del Betito y cómo se crio en una atmósfera criminal, pues tanto sus dos hermanos como dos de sus hermanas, además de varios de sus cuñados, estuvieron en prisión en algún momento de sus vidas. Del resto, hay que aclarar, no hay registros que los vinculen con ningún ilícito. Al ser el penúltimo hijo, El Betito recibió más atención de sus padres que la mayoría de sus hermanos, algunos de los cuales le llevaban hasta 13 años de diferencia. Muy poco saben las autoridades sobre su infancia, pero destaca un hecho que sacudió a la familia el 8 de febrero de 1990 cuando María Eugenia, la mayor de los 11 hermanos, murió de insuficiencia renal a sus 25 años. El Betito tenía apenas nueve años y, sin recuperarse del golpe, el 28 de octubre de ese mismo año, el esposo de su hermana María Enriqueta, Jesús Mollado Esparza, falleció por leptospirosis y linfoma de Hodgkin. Fue una pérdida sensible pues era muy apreciado en el círculo de los Maldonado, sobre todo por El Betito. Muchos años más tarde adoptaría su nombre.

La relación que había con algunos de sus hermanos, salvo con José Arturo Mauro, era intermitente por lo que, con el paso de los años y a la par de su ascenso en el organigrama criminal, El Betito generó una especie de fijación por ser parte de una hermandad, por crear lazos indestructibles, complicidades, sí, pero también vínculos afectuosos que no abundaban en su familia tan grande, tan compleja, tan como muchas que se forman en la brava colonia Guerrero, parte de la cual se construyó sobre el antiguo y demolido Panteón de Santa Paula. Allí se guardó el descanso de miles de muertos por cólera y hasta la pierna del general Antonio López de Santa Anna, hasta que en 1944 un grupo de personas la exhumaron y la pasearon por las calles.

Esa idea de *carnalismo* brotaba de Betito hasta en la forma en la que se dirigía a la mayoría de sus subalternos dentro del cártel: hermanito esto, hermanito lo otro; los cuales se comunicaban de la misma forma entre ellos. Quienes colaboraron con él afirman que es la clase de líder que no solamente va al frente en las balaceras, sino que visita a su gente lesionada en el hospital, donde sobornan a un médico para que los atienda sin avisar al Ministerio Público. Sin embargo, El Betito es un ser de dos caras, una suerte de Harvey Dent —villano de Batman— que lucha con dos fuerzas disímbolas en su interior, alguien que podía abrazar a sus amigos para decirles: "¿Qué hay, hermanito?", y minutos después transformarse en un monstruo con la vista perdida, enardecido y sudoroso cuando llegaba la hora de matar.

2

La Unión Tepito y su falso gemelo

Minutos antes de dar marcha a su tráiler, Ernesto humedece la punta de un cigarro con la lengua. Saborea el papel arroz y entorna los ojos mientras lo enciende. Enseguida suelta una gustosa bocanada de humo y prende el radio. Es el 4 de julio de 2012, dos días después de las elecciones presidenciales que gana Enrique Peña Nieto, tiempos en los que La Unión goza de un reinado relativamente tranquilo en Tepito y sus alrededores. El feminicidio de María Teresa Fortis Mayén, del viejo clan narco de los Fortis, los asesinatos de la calle Granada y el acoso contra los del Antuán acomodaron, a la fuerza, las cosas en favor de la organización criminal todavía subestimada por las autoridades.

Ernesto es un hombre común, un conductor de la empresa transportista Trucka que se dejó convencer de llevar un cargamento de mariguana a Estados Unidos. Escucha la estación de radio La Zeta mientras fuma su Delicado sin filtro y espera el arribo de un BMW y un Audi sobre la calle Ferrocarril de Cintura en la colonia Morelos. No es que su situación económica fuera desesperada ni mucho menos, pero su compadre le prometió 20 mil pesos limpios de polvo y paja si llevaba la carga al otro lado a través de la frontera tamaulipeca. Por eso cuando llegan los automóviles deportivos, de donde descienden cuatro individuos, uno de los cuales le hace señas para que baje, a Ernesto no le tiemblan las piernas. De su boca cuelga el tercer cigarro mientras abre la caja del tráiler y los hombres colocan 23 paquetes de mariguana envueltos en cinta industrial gris. Le dan dos teléfonos celulares: "uno lo prendes hasta que estés en Tamaulipas", le indica uno de los narcos. Ernesto asiente con la cabeza y sin decir más va hacia su vehículo, salta hacia el asiento del conductor y gira el switch de marcha. Así comienza la aventura de Ernesto y lo que, su compadre prometió, sería el primero de muchos lucrativos viajes a tierras gringas.

Una canción del Recodo acompaña su camino, un brevísimo camino que termina demasiado lejos de la frontera mexicana, en el cruce de Herreros y Marmolería, colonia 20 de noviembre. Allí es interceptado por decenas de patrullas de la policía de la Ciudad de México. Pálido, Ernesto queda agarrotado en su asiento sin despegar los ojos del cañón de un rifle AR-15 que le apunta. "¡Policía Preventiva! ¡Bájate, cabrón!", le ordena un uniformado mientras otros rodeaban el tráiler con placas 921-DF-3. Ernesto obedece, lo jalonean y le ordenan abrir la caja: allí están los 23 paquetes de mariguana que, posteriormente se supo, pesaban en total poco más de

100 kilos. De haber tenido experiencia transportando mercancía ilegal, Ernesto hubiera sospechado desde el principio, desde el mismo momento en que los narcos aceptaron transportar su mercancía en un vehículo sin "clavo", es decir, sin un compartimiento secreto, como si la carga fuera de juguetes para un orfanato. Pero Ernesto es un hombre común, un transportista cuya ingenuidad se huele de la misma forma que un depredador huele la sangre. El cargamento pertenece a La Unión, pero la pérdida está prevista, es un hueso que arrojan para desviar a los sabuesos del verdadero botín: otros cinco tráileres que llevan en total media tonelada de cocaína y dos de mariguana a los Estados Unidos y que logran llegar a su destino gracias al decomiso de la mariguana. Las investigaciones de la entonces Procuraduría General de la República así lo revelaron, además del "pitazo" de los propios miembros de La Unión a los policías para que pudieran hacer un decomiso digno de presumir a sus mandos y a la prensa.

No se supo públicamente, hasta ahora, a quién pertenecía la carga, pero para los investigadores federales el caso expuso que La Unión empezaba a tener alcances y poder insospechados, como meter cocaína a tierras gringas y abastecer a narcomenudistas ya no sólo del Barrio Bravo, sino de otras zonas de la capital y el Estado de México. Su mancha silenciosa se expandía sin mucho aspaviento, sin más sangre que la estrictamente necesaria, con un mercado boyante que veía a Tepito como el gran tianguis de la droga a pesar de su innegable riqueza histórica. Ahí está su otra cara, la de eterna lucha, pues siglos antes abarcaba Mecamalinco, una de las últimas zonas de resistencia mexica, la cual se convirtió en Tequipeuhcan o "lugar de esclavitud", historia que posiblemente forjó la esencia del barrio.

El mercado chilango de estupefacientes es inmenso. No sólo geográficamente, sino sobre todo por sus millones de potenciales clientes. En 2007, según el informe Panorama Estratégico Final, elaborado por la Procuraduría capitalina con datos de PGR, Sedena y Cisen, se calculaba que había 40 mil puntos de venta de droga en la ciudad. Para 2012, esta cifra rondaba los 43 mil y se estimaba un flujo de 80 mil millones de dólares anuales, de los 500 mil millones del total de todo el país. No hay oferta de consumo interno más grande que la de Ciudad de México, además de representar el mayor centro de lavado de dinero y la sede de los poderes políticos.

En este contexto, La Unión se ensanchaba. Su líder, El Abuelo, no necesitaba intermediarios para obtener cocaína pura. De acuerdo con el Departamento de Justicia de Estados Unidos, lo hacía directamente de sus socios colombianos del Cártel del Norte del Valle; poseía lanchas, vehículos de transporte terrestre y protección local y federal. La única vez que fue detenido, veremos después, ocurrió en otro país, donde inclusive ya estaba tendiendo redes de protección política que al final supuestamente lo traicionaron.

Como era de esperarse, las fricciones internas brotaron de a poco. El expolicía judicial federal Ricardo López Castillo,

El Richard, presuntamente ostentaba el mando que le delegó El Abuelo, pero el hijo del Abuelo, Rachid, se apoyaba más en Pancho Cayagua; aparte, El Betito, su jefe de gatilleros, parecía un ser indomable que sólo respondía a sí mismo y a su gente, a la que trataba como hermandad. Ni El Richard ni Pancho Cayagua osaban contradecir al Abuelo o a su hijo, Rachid; pero El Betito no tartamudeaba cuando se trataba de cobrar los encargos de su patrón: "Ya te maté como a 10, mi gente tiene que comer", defendía el sicario cuando se atrasaban los pagos. A fin de cuentas, El Betito no era de Tepito ni del Centro como El Abuelo, El Richard y Pancho Cayagua; el escozor que causaba en estos dos últimos se iba visibilizando para la organización, aunque El Abuelo le tenía suma confianza debido a su eficacia, no nada más a la hora de matar sino a la hora de mantener a su gente marchando derechito, hermética, sin alardear sobre las cosas que en el hampa se consideraban proezas. No por nada la Procuraduría capitalina tardó años en saber quiénes participaron en los asesinatos de la calle Granada, no así los cometidos más tarde por otra célula que armó El Richard con el fin de no depender del Betito.

Las cosas dieron un giro el 15 de marzo de 2012 cuando se realizó, en el aeropuerto de Tocumen, Panamá, la detención de Juan Juárez Orozco, *El Abuelo*, tras una operación conjunta entre autoridades panameñas, la DEA y el Departamento de Justicia estadounidense. El fundador de La Unión Tepito acababa de aterrizar cuando fue arrestado en solitario, con documentos falsos y la apariencia de un próspero empresario mexicano. En realidad, consta en el expediente CR-12197 de la Corte del Distrito Este del estado de Nueva York que El Abuelo usaba la ruta de Panamá-Cancún para transportar cocaína pura, la misma ruta que usaba su contrincante, La Barbie, según confesó este último a la PGR luego de su captura unos 18 meses antes.

El Abuelo era buscado por el gobierno de Barack Obama por ingresar en promedio ocho toneladas de cocaína al mes en su territorio, se lee en el boletín 13-1212 del Departamento de Justicia. Su arresto era con motivos de extradición, por lo que su futuro apuntaba hacia la peor pesadilla de un narcotraficante: la vida tras los barrotes de una cárcel estadounidense.

Medios panameños dieron cuenta de que El Abuelo había contratado un renombrado bufete de abogados, encabezado por la actual diputada Zulay Rodríguez Lu, todo con el propósito de evitar la extradición mientras el narcotraficante dormía en la cárcel La Joya. Ni en México ni en Panamá se sabía mucho del capo, pero por los cargos que pesaban sobre él aparecía como un misterioso criminal de altos vuelos. En esta historia surgió un inesperado protagonista que supuestamente contactó al Abuelo con la diputada panameña: Héctor Rojas, *El Enano*. Este sujeto era también un traficante que invertía en bienes raíces y por medio de un cliente se puso en contacto con el fundador de La Unión Tepito. Esto lo reveló años después cuando fue encarcelado y alegó ser un preso político al que buscaban callar por saber la historia entre la figura política, Zulay Rodríguez Lu, y el narco mexicano. Rojas relató en una entrevista al periódico *Panamá América*:

> Yo hice el contacto con El Abuelo a través de uno de mis clientes en bienes raíces, el cual me consultó si conocía a un abogado que manejara temas internacionales y penalistas. En ese momento le comenté que yo tenía una relación íntima con la abogada Zulay Rodríguez Lu. Yo le dije a Zulay sobre el cliente, posteriormente ella fue a dicha reunión donde se acordó hacer los trámites pertinentes y revisar el expediente. Después nos dimos cuenta de quién era Juárez Orozco, quien presentaba un caso de extradición.[4]

Detalló que El Abuelo entregó un millón 200 mil dólares a la diputada para que se hiciera cargo de su caso. Aseveró haber sido testigo presencial de las reuniones entre Zulay y familiares del capo, a quienes prometió frenar su extradición. Presentó también una serie de correos electrónicos donde Zulay aparentemente fijaba fechas para citas y comunicaba avances en el proceso judicial. El asunto iba más lejos, pues Rojas afirmó que 800 mil dólares usados en la campaña de Zulay para convertirse en diputada provenían de las arcas del Abuelo, todo bajo la promesa de que ella usaría su poder político para evitar que el narco cayera en manos gringas. Pese a

---

[4] https://www.critica.com.pa/nacional/el-enano-un-hombre-con-muchos-enemigos-424152.

todo, el 8 de noviembre de 2013, el criminal mexicano, socio de los Beltrán Leyva y *El Mayo* Zambada, fue extraditado.

Rojas obtuvo su libertad en febrero de 2016 en medio de protestas por parte de Zulay y miembros de su partido, que habían insistido en la peligrosidad del hombre y las amenazas que, acusó la propia Zulay, disparaba contra ella. Veinte días más tarde, Rojas fue acribillado cuando salía de un restaurante de sushi en la capital panameña. Todavía subió a su camioneta, condujo agonizante y en su intento de huida atropelló a dos transeúntes, antes de extinguirse en el asiento del conductor.

Desde principios de 2013, con la extradición del Abuelo a punto de consumarse, el liderazgo de La Unión Tepito fue delegado a su hijo, Rachid, pero no era sino una figura representativa, pues la operación presuntamente recayó en el expolicía judicial federal Ricardo López Castillo, *El Moco*. Parte de las ganancias por la venta de droga y extorsiones eran entregadas a Rachid hasta Cancún, donde residía bajo la facha de un empresario que invertía en gimnasios y suplementos alimenticios. La cocaína que su padre importaba de Colombia siguió el mismo camino a Estados Unidos y Ciudad de México luego de unos meses donde el negocio tuvo que reorganizarse.

Con el nuevo cargo que ostentaba y según consta en las causas penales 176/2013 y 35/2014, las cuales concentran toda la información de uno de los crímenes clave para entender cómo se quebró el frágil cristal de la tranquilidad chilanga y se reconfiguró el mapa del narco en Ciudad de México, El Richard conformó su propio grupo de choque. Tenía ya en

mente expandir las operaciones de La Unión a las zonas que
El Antuán, aliado de La Barbie, explotaba a diestra y siniestra. Lo que El Richard deseaba era nada más ni nada menos
que el corredor Insurgentes, de norte a sur, incluyendo la
lucrativa vida nocturna de las colonias Roma y Condesa, turísticas, clasemedieras, donde la violencia entre narcos era cosa
ajena, algo que pasaba solamente en los barrios marginales,
tan extranjeros como si los dividiera una frontera imagina-
ria y a la vez tan real para sus lugareños.

Por esos días, el grupo criminal del Antuán no tenía un
nombre; unos les decían Los Pellejos pero ellos mismos
comenzaron desde 2012 a llamarse la U, por La Unión, a
presentarse así ante los gerentes y dueños de los antros que
buscaban regentear, donde se enfiestaban medievalmente y
hasta utilizaban como bodega de armamento y droga. Con
base en el expediente PGR/SDHPDSC/M7/100-2013, este
grupo aún presumía hondos vínculos con el cártel de los Beltrán Leyva, pese al encarcelamiento de La Barbie. En dicho
documento, se lee:

La organización delictiva Los Pellejos y La Unión dependen
del Cártel de los Beltrán Leyva, misma que de los elementos
agregados a la presente indagatoria se evidencia la existencia de
una organización criminal dedicada a cometer ilícitos como la
extorsión, secuestro, homicidio, violación a la Ley Federal de
armas de fuego, en la que cada uno de sus integrantes realiza
una función determinada para lograr su cometido.

El Antuán y su primo, Luis Felipe Chávez Cabrera, *El Damián*, tienen un perfil muy diferente al del Richard, Pancho Cayagua o El Betito; aunque igual hundían sus raíces en el barrio, el dinero que hicieron a través de la droga y la extorsión los motivó a vestirse con ropa de marca, ir al gimnasio y codearse con modelos y juniors que atrajeron a su universo mafioso como por un tobogán cuyo final escupió a muchos hacia el vacío.

Las viejas rencillas estaban guardadas mas no olvidadas. El Antuán sospechaba que los de Tepito habían baleado a tres de sus *dealers* en la Aquiles Serdán, aquella noche del 16 de enero de 2011 donde hasta le dejaron un mensaje y que otros muertos suyos tenían la marca tepiteña. Sin embargo, todo, hasta las respectivas *vendettas*, eran esporádicas, sin pérdidas humanas importantes para los jefes, no así para las familias de las víctimas, por supuesto, lo que mantuvo un falso aire de equilibrio. Todo tronaría la madrugada del 24 de mayo de 2013, cuando el teléfono celular de un subordinado del Richard sonó.

—Que El Oaxaco va para el Black —le informaron y éste notificó al Richard.

—Vete por la gente —ordenó éste y su subalterno salió del domicilio donde estaban y caminó hacia otra vivienda de la colonia Morelos donde escondían las armas. En su camino se topó a otros dos integrantes del cártel.

—Vamos a ir al Black por un culero —les mencionó. El dúo se animó con la idea, pero finalmente sólo uno de ellos se lanzó. A la 1:38 horas, El Richard y seis de sus sicarios arribaron al 150 de Tamaulipas, esquina con Mexicali.

El Black era un antro bastante popular en la clasemediera y noctámbula colonia Condesa, donde existen 390 bares y restaurantes repartidos en un territorio de poco más de 100 mil metros cuadrados, según el Directorio Estadístico Nacional de Unidades Económicas del Inegi. En esta arbolada colonia, mezcla de *art déco* y *loft living*, bastante socorrida por el turismo extranjero y de insaciable demanda comercial, cultural y recreativa, sucedería el crimen que partió en dos la historia del narco capitalino, pues a partir de él se desencadenaron hechos delictivos inéditos que hasta hoy siguen teniendo repercusión.

Es un hombre bajito, moreno, robusto, cabello a rape y maneras toscas como de militar. Son las 3:15 horas del viernes 24 de mayo de 2013 cuando se detiene frente al cadenero del Black Condesa, cuya fachada es minimalista, totalmente negra salvo por el letrero con el nombre del antro en plata. Una carpa cubre el breve pasillo que separa a los clientes que hacen fila del interior estruendoso, empapado de luces neón. Allí hay largos sillones de vinil negro pegados a los muros. Pero para esa hora no hay personas esperando el ingreso, sólo una puerta cerrada que el individuo bajito golpea con los nudillos. No sabe que desde hace un par de horas lo están esperando miembros de La Unión Tepito, tanto afuera del Black como adentro. Ajeno a los siete hombres, algunos con gorras, que atestiguan su llegada sentados o de pie frente a una jardinera, vuelve a golpear la puerta con la palma de la mano y en seguida un empleado de seguridad lo recibe familiarmente, no precisamente por ser un cliente conocido, sino porque es El Oaxaco, un vendedor de drogas que entra y sale de los bares desde que abren y se colman hasta que enmudecen y se vacían con la luz del día. Lleva una camisa de manga larga desfajada, pantalón de mezclilla negro y zapatos cafés; va desarmado, pero con seis grapas de cocaína y una tacha en el bolsillo del pantalón, según consta en el expediente judicial 176/2013. El Oaxaco había recibido un mensaje de una mesera que hacía de intermediaria entre él y los enfiestados a los que se les antoja un levantón de coca u ocho horas de desfogue anfetaminoso. Apenas cruza el umbral de acceso, un joven mucho más alto que él y que segundos antes escribía en su teléfono celular lo para con un toque en el brazo. El Oaxaco alza la mirada y después aguza el oído para descifrar lo que le dice, algo muy breve porque en seguida contesta y sigue su camino hacia el fondo del Black. Todo es grabado por las cámaras del lugar. Esta vez, los mismos empleados que lo saludaban y solapaban bloquean su paso. Afuera, el cadenero que lo había dejado entrar abre paso a los siete pistoleros que lo esperaban y que rápidamente lo rodean como hienas a una desamparada presa. Uno lo sujeta por detrás, otro le asesta un puñetazo en el estómago para inmediatamente derribarlo, inmovilizarlo entre todos y patearlo repetidamente frente a las miradas atónitas de los pocos clientes que alcanzan a observar entre el gentío y la tenue luz que a propósito fue ajustada durante la golpiza. Para cuando El Oaxaco es sacado a rastras, el DJ baja el volumen de la música, toma el micrófono y repite lo que ha estado pregonando toda la noche: "¡Noche de antro Black Condesa! ¡Tres por dos en bebidas internacionales y cuatro por tres en nacionales! ¡Ámonos!"

Afuera caminan algunas parejas que buscan un taxi, rondan los vendedores de cigarros y desfilan coches que avanzan lentamente como si sus ocupantes tantearan la noche y sus rincones: esas puertas que parecen cerradas pero están abiertas nomás para los que se la saben, los sabios de los recovecos inesperados, el *after* o donde sea que, ya de perdis, dejen que el desmadre siga un rato más. Tal vez por eso muy pocos ven al grupo de sujetos con gorras que cargan un bulto hasta una jardinera. La imagen podría resultar común, quizá un borracho sacado del antro, pero no, es El Oaxaco, seminconsciente por la paliza que le acomodaron. Apenas lo sientan con la espalda recargada en un árbol, El Richard le ordena a Abdiel Vega Lemus, *El Grande*:

—Pégale un chiricuazo.

En el caló de La Unión eso no significa otra cosa más que dispararle en la cabeza y así lo hace El Grande, de acuerdo con la causa penal 35/2014. Dos días después llegaría la venganza.

En su momento, el subprocurador de Averiguaciones Previas Desconcentradas de la Procuraduría local, Óscar Montes de Oca Rosales, actualmente fiscal de Quintana Roo, informó que El Oaxaco había sido identificado como Horacio Vite Ángel, de 35 años de edad, casado, con un hijo adulto y domicilio en Tultitlán, Estado de México. En conferencia de prensa confirmó que efectivamente traía consigo seis grapas de cocaína y una pastilla con metanfetamina, pero señaló que sus familiares aseguraron que se dedicaba a vender zapatos. La tarde de ese 24 de mayo su hermano, una mujer y una niña fueron al sitio donde fue levantado el cadáver del Oaxaco y colocaron una veladora al pie del árbol aún rodeado por una cinta amarilla. Antonio, quien aseguró ser su hermano, narró lo siguiente a la reportera Claudia Bolaños de *El Universal*:

> Mi hermano me llamó en la noche, dijo que vendría al bar, que no iba solo, pero no dijo con quién. Esta mañana me llamaron las autoridades desde su celular para decirme lo que había pasado, pero no sabemos quién pudo haber sido.

"Estamos investigando si distribuía drogas, pero aún es pronto para saber lo que sucedió", atajó el entonces subprocurador Montes de Oca. La realidad es que El Oaxaco era un distribuidor de drogas al servicio del Antuán, pero no uno común y corriente, pues era muy cercano a éste; asimismo, su hermano, que hasta la fecha se ignora si es el mismo entrevistado por *El Universal*, es un miembro del cártel de la Familia Michoacana en el Estado de México, apodado El Hummer, según la Procuraduría General de la República.

Éste fue el crimen que hizo pedazos el cristal que, para las autoridades, reflejaba el blindaje de la capital con respecto a las luchas del narco, pues dos días más tarde, 13 jóvenes fueron sacados del bar Heaven de Zona Rosa y llevados a un rancho a 53 kilómetros donde fueron asesinados y enterrados en una fosa. Algunas de las víctimas vivían o trabajaban en Tepito; dos de ellas, Jerzy Ortiz, de 16 años de edad y Said Sánchez García, de 19, son respectivamente hijos de Jorge Ortiz *El Tanque* y Alejandro Sánchez Zamudio, *El Papis*, otrora cabecillas del hampa en el Barrio Bravo y para esas fechas recluidos en prisión. Pero, como se expuso en el libro *Narco CDMX,* todas las víctimas del Heaven eran inocentes y ninguna tuvo relación con el homicidio del Oaxaco. Ahí se narra detalladamente el secuestro de los 13 y el paradigma que representó para la seguridad pública capitalina.

Fue documentado que las pesquisas de la Procuraduría jamás fueron a fondo, al menos no lo suficiente como para desenredar la madeja de historias y rencillas que tenían los de Antuán con los de Tepito, ni tampoco como para llevar ante la justicia a los jefes absolutos de ambas organizaciones delictivas. Antuán sigue prófugo hasta hoy y El Richard no fue detenido sino hasta cinco años después —y no por aquellos detectives, sino por los de la Fiscalía mexiquense—. Lo más inaudito fue que la Procuraduría capitalina, en una conferencia de prensa, calificó de "pandillas" a ambos grupos, cuando autoridades federales tenían claro su contundente nexo con los Beltrán Leyva y las toneladas de cocaína que movía El Abuelo hacia Estados Unidos.

¿No había intercambio de información entre ambas dependencias? Lo había, pero la práctica sistemática del entonces jefe de Gobierno, Miguel Ángel Mancera, era minimizar los hechos y a sus responsables, como consignó la prensa una y otra vez. El discurso oficial asentó que en Ciudad de México simple y llanamente no operaban cárteles ni asociados con la capacidad de consumar secuestros masivos, como estaba pasando, ni había extorsión a comercios o empresarios al estilo de Los Zetas, mucho menos asociaciones delictivas que pudieran retar a las corporaciones policiacas. Mientras tanto, los socios del Abuelo aterrizaban con toneladas de cocaína en Estados Unidos y sus ganancias hacían crecer a La Unión, pues antes de su existencia, El Abuelo se protegía bajo el manto de Arturo Beltrán Leyva, *El Jefe de Jefes*; pero ya no, estaba muerto y su clan estaba fragmentado. El Abuelo ahora contaba con una horda de pistoleros en Cancún, Morelos, Estado de México y por supuesto la capital, donde, tras lo sucedido con El Oaxaco y los 13 del Heaven, quitó el mando al Richard. Éste se mudó a Cancún, y el cargo fue heredado a José Alberto Maldonado López, *El Betito*.

El caso Heaven exhibió la fragilidad de la capital, pues que un rapto masivo tuviera lugar a plena luz del día, a unas cuadras de la Embajada de Estados Unidos y en pleno paseo dominical —evento creado por Mancera y que atraía a miles de personas a hacer ejercicio sobre Paseo de la Reforma—, no podía significar otra cosa sino el fracaso del plan para ocultar la narcorrealidad. Nunca había ocurrido algo igual y pese a que hubo una veintena de encarcelamientos, incluidos los de tres policías preventivos de bajo rango, los verdaderos orquestadores del secuestro y los protectores institucionales de alto nivel no fueron ni han sido tocados. Por el homicidio del Oaxaco, la mayoría de los sospechosos fueron cayendo escalonadamente hasta el Richard, autor intelectual y material, todo porque perdió de a poco la protección del Abuelo y sus aliados fueron siendo eliminados o se alinearon con El Betito en su estatus de nuevo líder de La Unión.

En esta transición, otro de los fundadores, Pancho Cayagua, lucía como el candidato natural a suceder al Richard. Sin embargo, también se vio afectado por el escándalo del Heaven, ya que su hermano, Armando, alias *El Ostión,* fue detenido, interrogado y a la postre liberado: se concluyó que la decisión de matar al Oaxaco fue tomada por El Richard en solitario, con la idea de tomar nuevos territorios más allá de Tepito y sacar del mapa a todo lo que oliera a La Barbie.

El Heaven fue el punto álgido de la disputa entre La Unión Tepito y los del Antuán, autodenominados La Unión Insurgentes, pero en marzo otros cinco jóvenes desaparecieron del antro Virtual Mix, en Insurgentes Norte. Las autoridades creen que fueron asesinados, pero sus cuerpos no han sido recuperados. Hubo en años previos a 2013 otros hombres ultimados luego de haber sido sacados de algún bar en Zona Rosa, la Roma y Condesa; incluso en el mismo Heaven, pues el 14 de noviembre de 2012 un hombre que aseguró ser empresario denunció haber sido privado de la libertad por los dueños del *after*, los hermanos Rodríguez Ledesma —actualmente encarcelados— y su personal de seguridad. Fue despojado de 12 millones de pesos en efectivo, con base en la averiguación FAS/T1/1331/12-12. Sin embargo, la Procuraduría capitalina no aceptó que todo esto guardara relación, cuando era un hecho asentado en sus propios expedientes, así como los de la Procuraduría General de la República, que concluyó que los del Antuán fueron responsables del rapto de los cinco muchachos del Virtual Mix, el 21 de abril de 2013, poco más de dos meses antes que lo del Heaven. Hay personajes fundamentales para entender ambos secuestros que ni siquiera aparecen, o muy poco, en el expediente del Heaven, como El Antuán o el mismo Hummer, hermano del Oaxaco, apenas mencionado por una testigo venezolana y en unos cuantos oficios dirigidos al comandante de la Fuerza Antisecuestros, Alfredo González Álvarez.

La Unión estaba lejos de ser sólo una pandilla, dado que contaba ya con una estructura jerárquica definida, amplia, en ese entonces piramidal, cuyos integrantes se asociaban de manera constante para cometer una baraja de delitos inherentes a la delincuencia organizada. Se abastecían y traficaban drogas a Estados Unidos sin necesidad de los Beltrán Leyva o cualquier otro cártel. Subsiste una década después de su fundación y su operación se extendió a toda la capital, el Estado de México, Cancún y Veracruz. Si el multihomicidio en 2010 de los seis adeptos a San Judas Tadeo en la calle Granada fue el comienzo, el crimen del Oaxaco en la Condesa representó una suerte de intermedio en la puesta en escena de La Unión. Su cabeza original, el expolicía judicial federal, Richard, se vio obligado en 2013 a dejar el liderazgo y refugiarse en Cancún, debido a la orden de aprehensión que pesaba en su contra, dejando entre Pancho Cayagua y El Betito la sucesión del poder. Los años posteriores al caso Heaven, en la prensa parecía no haber duda de que Pancho Cayagua era el patrón, pues del Betito se dudaba hasta su existencia, circunstancia que le dio créditos para que la balanza se cargara de su lado, aunado a que El Ostión, hermano de Pancho Cayagua, supuestamente violó una de las máximas del hampa: hablar con las autoridades sobre la empresa o, dicho en su propio lenguaje, "ratear", "vestirse de sapo", "poncharse". Bajo la averiguación DGAVD/CAPE/T2/00891/13-05 D01, el Ministerio Público asienta así la declaración de Armando:

> Por último, quiere mencionar que su hermano Francisco Javier Hernández Gómez, apodado *Pancho Cayagua*, radica en el estado de Sonora, que también ha escuchado el nombre de Ricardo López Castillo alias *El Moco*, porque menciona mucho a Rachif Castro Moreno, que por dicho de El Moco éste pertenece a La Unión y que a Jorge Moreno Castro lo conoce como el padre de Rachif, que conoce a otro sujeto apodado *El Cejas* y a otro apodado *El Colosio*, quienes pertenecen al grupo de La Unión.

Pancho Cayagua era un hombre de tez morena oscura, 1.70 de estatura, calvicie avanzada y complexión delgada. Era nativo de Tepito, criado en una vecindad de la calle Jesús Carranza, una de las más representativas del narco chilango; su hermano, Armando, *El Ostión,* se casó con Judith Camarillo Feijoo, media hermana de Fidel y Mario Camarillo Salas, zares de la droga en Tepito desde mediados de los años noventa y hasta el 26 de septiembre 2003, cuando Mario fue acribillado. De este clan, afamado por sus andanzas criminales, guerras por amoríos y traiciones familiares, proviene Pancho Cayagua, quien presuntamente compartió complicidades con Jorge Ortiz Reyes, *El Tanque,* como mencionamos, padre de Jerzy, una de las 13 víctimas en el caso Heaven. Devoto de Eleggúa, deidad de la religión yoruba que cuida los caminos y el destino, Pancho Cayagua proviene de una familia de zapateros, negocio fértil e histórico en Tepito, pero creció admirando a los ostentosos y temidos narcos de su barrio, inspiración de una decena de películas mexicanas con el Tepito en su título y otras más cuya historia transcurría en sus ajetreadas calles, siempre blanco de temor o estigmatización cultural. Como muchos, antes de la adultez y llegada a ella, Pancho Cayagua montaba el asiento trasero de una moto para apretar el gatillo a nombre de Los Camarillo o al de otra banda conocida como Los Perros, generalmente por no más de 5 mil pesos por jale, pero sí muchos créditos intangibles que suelen mover al sicario en la cadena alimenticia del narco.

El 11 de septiembre de 2005 dos primos y un par de personas más recibieron una lluvia de balas frente al 69 de Jesús Carranza, corazón de Tepito, a plena luz del día y frente a decenas de transeúntes y lugareños. Como se estableció en la causa penal 188/2006, Enrique Castillo Jaime y Adalberto Aguilar Jaime murieron en el lugar, a manos de dos pistoleros a bordo de una motoneta. Uno de ellos era nada más y nada menos que Pancho Cayagua, en ese entonces un sicario que, junto con Ismael Muñoz Rosario, *El Men*, ultimó a los hermanos por líos de droga. Ocho meses después de los homicidios, El Men fue detenido y procesado, no así su cómplice, quien sólo en 2013, y eso porque su nombre salió a relucir en el caso Heaven, se volvió incómodo para las autoridades que lo protegían. El arresto de su hermano, El Ostión, pese a ser liberado días más tarde, así lo demostró. El apodo *Pancho Cayagua* ya causaba temor y rumores más allá de las fronteras tepiteñas. Muchos futuros cabecillas del narcomenudeo chilango trabajaron en algún momento para él, como El Hormiga, El Salchicha con Huevo y Óscar Andrés, *El Lunares*, uno de los personajes más constantes en los medios a lo largo de 2019. Cuatro años más tarde, ese doble homicidio pondría contra la pared al líder de La Unión que, como veremos después, expondría la corrupción e incompetencia del sistema judicial al ser absuelto.

Ya como aspirante a líder de La Unión, Pancho Cayagua disfrazó sus andanzas delictivas bajo la fachada de ser comerciante de zapatos, según los detectives que habían interrogado a su hermano. Se mudó lejos del hirviente barrio de Tepito, a la residencial y tranquila Lindavista, al norte de la capital; donde se convirtió en un dolor de cabeza para sus vecinos, pues se apoderó del espacio común que conduce a una salida alterna en la unidad habitacional donde rentaba, aunado a las ruidosas y prolongadas pachangas de las que era anfitrión. De acuerdo con la declaración ante el Ministerio Público de su hermano, El Ostión, rendida a las 1:55 horas del 22 de junio de 2013, Pancho Cayagua nació como Francisco Javier Hernández Gómez; es hijo de Manuel Hernández Hernández y de María Margarita Gómez Torres, ambos fallecidos. Tiene cuatro hermanos: María Magdalena, Armando *El Ostión*, Julio César y Víctor Hugo.

Pancho Cayagua era desde 2010 un colaborador cercano al Abuelo, uno que incluso hacía funciones de escolta personal o secretario cuando el primero visitaba Ciudad de México. De ahí su poder no solamente dentro de La Unión sino en el hampa, sacudido por el escándalo del Heaven, a pesar de no haber ordenado ni el asesinato del Oaxaco en el Black ni mucho menos el secuestro masivo de los 13 en el antro, adjudicado a sus rivales encabezados por El Antuán. La guerra había sido maquinada por El Richard, quien además se encargaba de pactar con autoridades corruptas. Así lo había hecho cuando fue policía judicial federal, específicamente en Tamaulipas, donde presuntamente favoreció a los Beltrán Leyva durante su batalla contra Los Zetas. No obstante, el homicidio del Black Condesa provocó su huida. Aparecía en los videos del establecimiento junto con sus sicarios, El Grande y El Colosio, cuya madre es la administradora de la iglesia de la Santa Muerte.

El Abuelo y su hijo Rachid le dieron cobijo en Cancún, donde quedó apartado de La Unión. La mayoría de los responsables de matar al Oaxaco fueron encarcelados gradualmente, incluyendo al Richard. El repudio internacional y la presión mediática forzaron la máquina institucional. Lo mismo pasó con el grupo responsable del rapto masivo, La Unión Insurgentes, que, si bien siguió operando por un tiempo sobre avenida Insurgentes y la Condesa, se diluyó casi por completo a finales de 2016. El 28 de diciembre de ese año fue detenido Luis Felipe Chávez Cabrera, conocido como *Damián* o *El Pavo*, por un homicidio consumado el 23 afuera del bar Gorilaz de la colonia Roma. Con El Antuán a salto de mata y su primo encarcelado, los de Insurgentes decayeron.

Ya se había advertido que el asesinato del Oaxaco marcó un antes y un después en la historia del narco chilango, pues reveló que había una disputa abierta e inédita por la supuestamente blindada capital, protagonizada por dos grupos del crimen organizado: La Unión Tepito y la Insurgentes, entre El Abuelo y La Barbie, cuyo punto más crítico fue el caso Heaven. Pues bien, todo esto se evidencia hasta en términos numéricos: sólo en la alcaldía Cuauhtémoc hubo 27 homicidios dolosos en 2012, con base en estadísticas de la Procuraduría solicitadas vía sistemas de transparencia. Para 2013, esta cifra subió a 38; a 41 en 2014 y a 67 en 2015, hasta que bajó en 2016, cuando se contabilizaron 55. Este último registro coincidió con la extinción de La Unión Insurgentes, que pudo mantener a raya a los de Tepito mas no a las autoridades. El único eslabón que queda es su jefe absoluto, Edwin Agustín Cabrera Jiménez, *El Antuán*, todavía prófugo, y los hermanos Pedro y José del Pilar Valles Salas, *Los Pilos*, traídos de Durango para desmembrar a los hombres del Heaven y a los cinco muchachos sacados del antro Virtual Mix un mes antes —según la averiguación PGR/UEBPD/0006/2013.

La disminución de los asesinatos en la Cuauhtémoc en 2016 respecto de 2015 fue sólo una pausa mientras se gestaba una nueva pugna, de nuevo con La Unión Tepito implicada. Fueron tiempos en los que El Abuelo tuvo que dejar el control de la organización criminal a José Alberto Maldonado López, *El Betito*, decidido a tomar toda la capital y la zona conurbada del Estado de México. El problema que tenían las fuerzas policiales con este hampón, a diferencia del Richard o Pancho Cayagua, era que sabían muy poco de él. Los pocos indicios habían partido de investigar a alguien oculto bajo una identidad falsa. En el trabajo policial, sobre todo en indagatorias contra cabezas del crimen organizado, resulta de gran ayuda conocer al sospechoso, saber de dónde viene, su familia, entorno e historial delictivo, para poder delinear cómo piensa y anticipar sus movimientos, hallar puntos débiles, generar una estrategia personalizada. Esto no sucedió con El Betito, a quien la Procuraduría local incluso creyó haber capturado una vez, acontecimiento que desnudó no nada más sus carencias al investigar sino que probó que el nuevo patrón de La Unión era más elusivo e ingenioso que sus antecesores.

Es una vieja fotografía familiar: un hombre mira hacia la cámara mientras fuma un cigarrillo. Esboza una ligera sonrisa, tiene barba rala y cabello rizado que le tapa las cejas. Carga a una niña que hace un berrinche y a su lado está un bebé tomando su biberón. Son los años ochenta y el escenario es un balneario público del entonces Distrito Federal. El hombre es Jesús Mollado Esparza, cuyos apellidos aparecen en informes y noticias policiales, entre 2008 y 2018, ligados a un hombre llamado Roberto que las autoridades afirmaban era líder de La Unión Tepito. Pero ¿qué vínculo hay entre los dos si Jesús murió el 28 de diciembre de 1990 por una falla orgánica derivada de un linfoma de Hodgkin?

En otra fotografía familiar, Jesús aparece junto a su esposa, María Enriqueta Maldonado López, el día de su casamiento. Es el 12 de febrero de 1985 y Jesús viste un traje oscuro con corbata a rayas. A su derecha, María Enriqueta luce un vestido blanco, un arreglo floral en la cabeza y un velo. Es llevada del brazo por su padre, don José, un hombre de pelo negro entrecano, bigote y traje claro. A la izquierda de Jesús está la madre de la novia, Juana, ataviada con un vestido azul. Todos tienen un extraño semblante en el rostro. No presumen la típica sonrisa de bodorrio. Aparecen serios, casi hoscos. Jesús parece entornar los ojos cuando los dirige hacia la cámara mientras mantiene las manos juntas por delante. El enlace es importante pues doña Juana y don José son cabezas de una numerosa y bien conocida familia de la céntrica y brava colonia Guerrero: los Maldonado López. El novio, Jesús, desarrollará cierta simpatía especial por uno de los hermanos de su esposa, José Alberto, apenas de tres años de edad en el momento. El niño reconoce la gallardía del cuñado y su desenvolvimiento en las calles, pero cuando cumple nueve años, su cuñado, Jesús Mollado Esparza muere. Al convertirse en un adulto, José Alberto decide llevar sus apellidos, aunque con el nombre Roberto. Así, José Alberto Maldonado López se convertiría en Roberto Mollado Esparza, *El Betito*, burlador de las autoridades con ésa y otras falsas identidades, según consigna el informe antes citado. Su apodo, tan reproducido en medios, es curiosamente con el que nadie dentro de La Unión Tepito se refería a él. Todos lo llamaban El Chaparro o, de cariño, El Chaparrito, debido a su estatura. Con el tiempo se le colgarían otros como Mini Aleks Syntek, por su parecido con el cantante mexicano o El de la B, pero muy pocos saben, hasta ahora, que de adolescente lo llegaron a apodar El Flamitas.

La gente en la colonia Guerrero que recuerda haberlo conocido durante los años noventa asegura que siempre fue un niño problemático, pese a ser el penúltimo en nacer de sus 10 hermanos. Con quien creó un vínculo más sólido fue con José Arturo Mauro, quien tiene 13 años más y naturalmente adoptó el papel de protector. Cuentan sus conocidos que, rondando los 14 años, El Betito comenzó a cortejar a una muchacha que supuestamente es sobrina de la popular cantante mexicana Paquita la del Barrio, oriunda de la Guerrero, donde levantó un restaurante bar desde principios de los años ochenta. Paquita misma cantaba ahí a todo pulmón. La gente que recuerda aquello dice que los encuentros entre El Betito y la joven tendrían que haber sido furtivos, pues la familia de ella no aprobaba la relación. Cuentan que el muchacho comentó a sus amigos que incluso Paquita la del Barrio le advirtió, a través de terceras personas, que ya no viera más a su sobrina, a lo que el adolescente respondió: "Si no me dejan verla les voy a quemar el restaurante". Y así ocurrió un día que estaba cerrado. Sólo fue parte de la fachada, pero la adolescente jamás volvió a poner un pie en la colonia. Este hecho lo cuentan algunos allegados y conocidos del Betito con la ligereza de una anécdota, pero refleja el carácter de un niño que a la postre se convertiría en un temido jefe de la mafia.

En los informes del Cisen se detalla que El Betito comenzó robando. Estuvo internado en el Tutelar de Menores de San Fernando, donde forjó amistades con algunos de los que en el futuro se unirían a su grupo delictivo. Tras volver a las calles pasó al asalto de camionetas blindadas. Aunque no se tiene comprobado, policías capitalinos llegaron a ligarlo con Roberto Paniagua Paniagua, un presunto defraudador y clonador de tarjetas bancarias con arrestos y procesos penales en varios estados mexicanos, Canadá, Estados Unidos y Francia. La última vez que se mencionó a Paniagua en los medios fue en agosto de 2016, cuando fue asesinado a balazos justo al pie de una refaccionaria de la colonia Doc-

tores, una de las colonias más bravas de la capital, caracteri-
zada desde hace décadas por la venta de autopartes robadas
a la vista de todos e, irónicamente, a unas cuantas calles del
búnker de la Procuraduría local.

En 2008 y a sus 27 años de edad, El Betito fue capturado y encarcelado por primera vez como adulto. De acuerdo
con la ficha RN/3938/2008, se le acusó de irrumpir y asaltar
a un comensal de un restaurante italiano sobre la calle Emi-
lio Castelar, en el barrio altamente comercial y chic de Polanco, al poniente de la ciudad, donde la comunidad judía se ha
asentado, lo mismo que las grandes marcas de ropa y automóviles. A unas calles del restaurante, patrulleros lo atraparon
y le encontraron el reloj hurtado, valuado en 400 mil pesos.
Estuvo en el Reclusorio Norte apenas unos meses, bajo el
nombre de Roberto Mollado Esparza, apellidos tomados de
su tío fallecido. Durante los 10 años siguientes, no volvería
a pisar la cárcel, viviría con una identidad falsa y dos veces
más se haría pasar por otros hombres parecidos físicamente
para despistar a las autoridades. El expediente que el Cisen
hizo del Betito marca el 6 de marzo de 2009 como la fecha
en que asumió una nueva identidad. Tramitó su licencia de
manejo 8538161 con el nombre de Roberto Mollado Esparza. Cuando su apodo comenzó a sacudir las instancias guber-
namentales y los medios, nadie sabía su verdadero nombre
ni su rostro. Incluso tendió una trampa que ridiculizó a la
propia Procuraduría, que presumió su captura a finales de
2015… presentando al hombre equivocado.

3

El clan de Garibaldi

Tras el caso Heaven, la disputa de La Unión contra los herederos de La Barbie entró en una suerte de guerra fría. El corredor Insurgentes, la Zona Rosa, Roma y Condesa seguían bajo control de Luis Felipe Chávez Cabrera, *El Pavo*, quien no participó en el secuestro de los 13 y por consecuencia no estaba huyendo. Entre 2015 y 2016, era claro que la pelea había dejado de ser abierta, al menos en comparación con lo sucedido en 2013. Para La Barbie, Tepito estaba perdido, pero con La Unión Insurgentes mantuvo influencia sobre la mafia capitalina, especialmente debido a las ganancias que dejaba la venta de droga en antros de las zonas clasemedieras y turísticas. Como sea, detrás de ese telón se divisaba un debilitamiento sin vuelta atrás. En ese escenario reaparecieron, hambrientos de poder, viejos actores.

El restaurante La Soldadera, frente al Monumento a la Revolución, goza de un buen número de clientes, ávidos de hacer

69

plática con las meseras y brindar a rienda suelta mientras el sol se oculta este 8 de abril de 2015. En una mesa departen tres hombres ruidosos que se empinan caballitos de tequila y paladean cortes de carne finos, no sin aderezarlo todo con mentadas de madre seguidas de risotadas y manazos en la mesa. El lugar es frecuentado casi en su totalidad por hombres, ya que el sitio explota su machismo al emplear mujeres jóvenes que, como si fuera uniforme, van y vienen con faldas cortas y pronunciados escotes. Esta tarde, el lugar está más concurrido de lo usual, pero de pronto todo queda en silencio porque la voz imperativa y amenazante de un hombre se impone al parloteo generalizado.

—Ahora sí se pasaron de verga. El que se levante, grite o saque un teléfono se lo va a llevar la chingada —escupe de pie frente a uno de los tres comensales que minutos antes cotorreaban a sus anchas—. ¿Crees que con tu pinche denuncia me vas a hacer algo?

El blanco del reclamo es propietario de un bar en Garibaldi, cuyo semblante se desdibuja al instante y queda en un garabato del que sólo se distingue una mueca de súbito nerviosismo. Frente a él está Jorge Flores Conchas, *El Tortas*, que, como ya se había mencionado, era aliado de La Barbie contra La Unión, pero que para esas fechas presuntamente ya tenía consolidada una red delictiva que abarcaba algunas calles de Tepito, el Centro y todo Garibaldi. Consta en el testimonio de las víctimas, asentado en el expediente 60/2015, que junto al Tortas está un individuo armado, Carlos Maldonado Vilchis, quien obliga a los acompañantes del empresario a pararse y salir del sitio junto con él.

—Tienes 30 minutos para darme 100 mil pesos o ya no te regreso a tus chavos —advierte El Tortas, quien en ese momento tiene 38 años de edad, está flaco, con avanzada calvicie y bigote ralo. Echa una mirada agresiva, con pupilas dilatadas, bien fijada en su víctima que se hunde en su silla en medio del cuchicheo de algunos comensales. Ve salir con paso presuroso a un líder narco de menos de 1.70 de estatura, pero que siembra el miedo adonde vaya, aunque todavía le hace falta escalar en la cadena alimenticia del hampa para enfrentar a La Unión, cosa que tarde o temprano hará. Por ahora sube al asiento del copiloto de un automóvil negro donde van los secuestrados y que arranca a todo motor hacia avenida Insurgentes. Los minutos siguientes son borrosos, pues el relato policial indica que uno de los secuestrados alcanza a observar una patrulla de la policía cuando ésta circula lentamente frente a la sede de la Alcaldía Cuauhtémoc y que grita y patalea desde los asientos traseros para llamar la atención de los oficiales. Casi inmediatamente, El Tortas y su acompañante son interceptados por los uniformados y detenidos. En el reporte oficial de los policías quedarían las palabras del Tortas:

Yo sé que estoy torcido, hazme el paro, te voy a dar 100 mil pesos porque no sabes para quién trabajo, mejor recíbemelos o vas a tener pedos. Trabajo con el Jefe Ades, con Centro Delta y El Chavito, director del Centro.

Los patrulleros sorprendentemente no se amilanan con la posibilidad de que el sospechoso tuviera de amigos a mandos de la Secretaría de Seguridad Pública. Así consta en el expediente FAS/T2/00331/15-04, pero la crónica es tan irreal que a la postre sirvió como argumento para que la defensa del Tortas consiguiera su absolución del doble secuestro. Al dueño del bar al que presuntamente amenazó no volvió a vérsele ni en Garibaldi ni en La Soldadera. Es más, fue ausentándose gradualmente del proceso penal contra El Tortas, amo y señor de Garibaldi, zona céntrica y por demás turística, donde los mariachis se desvelan en palomazos y el tequila fluye copiosamente, con una plaza plagada de cantinas que atrae a miles de turistas cada año y colinda con el barrio de Tepito. El dueño afectado aseveró que pagaba 10 mil pesos quincenales para que los distribuidores de drogas del Tortas no se metieran a su negocio ni ofrecieran cocaína a los visitantes, pero con el paso del tiempo esa cuota se volvió incosteable, por lo cual dejó de cubrirla.

Dos días después, El Tortas fue encarcelado en el Reclusorio Oriente. Es allí donde presuntamente se confeccionó otro traje criminal, por así decirlo, que de a poco lo elevó a otros niveles. Allí tejió una enorme red criminal que acentuó su poderío, apoyado por su hermano José Luis y sus primos Omar, Roberto Francisco y Jonathan Flores, todos apodados *Las Primas*, que están sentenciados y recluidos en la Penitenciaría local por un famoso secuestro perpetrado el 6 de marzo de 2001, el de Agustín Gómez Álvarez, entonces candidato del PAN-PVEM a la jefatura delegacional de Gustavo A. Madero, asesor en la Cámara de Diputados y propietario de varios colegios. El caso fue tan sonado que cuando el hermano y los primos del Tortas, junto con el expolicía judicial Ignacio Juárez Loyola, fueron detenidos tras un operativo en Morelos, se dio una conferencia de prensa. En ella, el exdirector de la policía Ministerial, Alberto Pliego Fuentes, dio los pormenores de la liberación de la víctima y el arresto de los hombres a los que, incluso, vinculó a un crimen muy conocido, el del conductor televisivo Paco Stanley, perpetrado dos años antes.

Pliego detalló que el excandidato del PAN-PVEM, Agustín Gómez Álvarez, estuvo secuestrado 49 días y que la familia sólo pudo entregar uno de los 3 millones de pesos que exigían por su libertad. Mientras tanto, la Procuraduría de la Ciudad de México integraba a marchas forzadas cuatro averiguaciones contra los Flores por otros secuestros, al menos eso informaron a los medios; pero la realidad es que solamente se les condenó por el de Gómez Álvarez: 40 años de cárcel y una multa de 750 mil pesos, la cual dos años después se redujo a 30 mil 262, según los registros del sistema penitenciario.

Había más: uno de los primos del Tortas, Jonathan, era al que ligaban con el homicidio de Paco Stanley, pues había sido detenido en el mismo Jetta utilizado por los sicarios y hasta coincidía con el retrato hablado obtenido de testigos, pero luego de varios años de estar bajo la lupa, libró esta acusación y quedó recluido por secuestro junto con sus hermanos y su primo, José Luis. Desde la cárcel, de acuerdo con el informe especial "La Anti-Unión de Tepito", elaborado por personal del Cisen, todos formaron un clan que tiene como base la zona de Garibaldi, codiciada por los narcos, ya que deja enormes ganancias en cuanto a la venta de droga y las cuotas que se les exigen a los comerciantes informales y locatarios, principalmente restaurantes, pulquerías y cervecerías.

El líder absoluto del clan es El Tortas, quien dicen alguna vez fue mesero en la turística Zona Rosa, pero que desde 1995, cuando tenía 18 años de edad, recibió su primera sentencia en prisión por un robo calificado que lo hizo purgar una pena de cuatro años; esto consta en la ficha 485/1995. En 2005 volvió al Reclusorio Sur por otro robo, pero poco menos de dos años más tarde volvió a las calles tras obtener un beneficio de libertad condicional. En las cárceles capitalinas era ya muy conocido, temido lo mismo por contrincantes que por custodios y trabajadores carcelarios, amén de una personalidad colérica e impredecible. Apenas estuvo preso por el secuestro en La Soldadera maquinó un plan para apoderarse de todas las actividades delictivas, desde extorsiones y venta de droga hasta el derecho a tener una cama donde dormir y recibir visitas íntimas. Primero sería el Reclusorio Oriente, luego el resto de las cárceles chilangas. Y es que el negocio detrás de los barrotes es inmenso. En las prisiones chilangas hay 26 mil 128 reos, 18 mil 846 mil de ellos sentenciados, acorde con datos oficiales de la Subsecretaría del

EL CLAN DE GARIBALDI

Sistema Penitenciario, mientas en el Reclusorio Oriente hay 7 mil 228, cuando el espacio está adecuado para 6 mil 092. Supuestamente, la venta de estupefacientes en este penal arroja ganancias mensuales de alrededor de 3 millones de pesos, según custodios consultados. Ahí, El Tortas se hizo de dos aliados clave para concretar su plan: Ricardo Andueza Velázquez, *El Miraviones,* y su cuñado, Paulo Sergio Contreras Hernández, *El Avispa*, ambos delincuentes reincidentes que conocieron y colaboraron con los primos del Tortas en la Penitenciaria.

El Miraviones es un hombre robusto, nacido en Nezahualcóyotl, al oriente del Valle de México; de 1.70 de estatura, recibe su apodo por un defecto genético que tiene en el ojo izquierdo y que parece ser estrabismo. Ser cuñado del Avispa, en esas fechas preso en el penal de Santa Martha Acatitla, le abrió muchas puertas en el mundo del hampa. Pese a ello, todavía en 2013 se dedicaba al robo con violencia, como lo establece la averiguación FIZP/IZP-6/T1/3725/13-06, iniciada tras el asalto a un policía que vigilaba un banco en la colonia San Lorenzo Xicoténcatl, Iztapalapa en 2017; esa vez El Miraviones únicamente fungió como vigía mientras dos cómplices amagaron al uniformado y lo despojaron de su pistola y chaleco antibalas, pero es este caso el que lo mantiene recluido hasta ahora. El 12 de octubre de 2013, El Miraviones fue capturado en la alcaldía Cuauhtémoc y para el 6 de marzo de 2014 ya estaba internado en el Oriente. Es un ejemplo del fracaso del sistema de reinserción social en

México: fue apresado en 2004, 2006, 2007, 2013 y 2017 y era trasladado de una cárcel a otra por los conflictos que causaba. Lo mismo que su cuñado, El Avispa, recluido desde 1997 sin jamás probar la libertad, pero según los informes oficiales, trasladado ocho veces a distintos penales, incluso al Altiplano, en el Estado de México, considerado de máxima seguridad hasta que se fugó Joaquín *El Chapo* Guzmán, hoy extraditado a Estados Unidos.

De esta manera vamos conociendo al Tortas, quien, de acuerdo con el Cisen y la Jefatura de Gobierno de la Ciudad de México, actualmente es el máximo enemigo de La Unión. Su poder delictivo fue desbordándose tras las rejas y en los tribunales, donde su defensa se las iba arreglando para que, a pesar de tratarse de un secuestro, no tardara en salir libre. Conforme eso se cocinaba, en abril de 2015 quedó instalada su alianza con El Miraviones en el Reclusorio Oriente y con El Avispa en Santa Martha. Así comenzaría una guerra previa a la que se desató contra La Unión y que dejó una estela de sangre más allá de los muros del reclusorio e incluyó a custodios y víctimas inocentes no solamente ese año sino en los venideros. ¿Contra quién pelearon? Contra el que ostentaba el control de la cárcel: Luis Eusebio Duque Reyes, *El Duke*, un expolicía preventivo que desde el 2001 cambió el uniforme azul por el caqui de los reclusos, pero que siguió percibiendo su sueldo como elemento de la Secretaría de Seguridad Pública hasta el 2005, cuando finalmente quedó destituido. Estaba sentenciado a 27 años por robo calificado y con el paso del tiempo se asoció con personajes importantes del narcotráfico mexicano. El informe "Custodios", hecho en 2018 por agentes de inteligencia de la SSP, coordinados por el entonces subsecretario José Gil García, así lo revela:

> Luis Eusebio Duque Reyes, *El Duke de Juárez*, cuando estaba en el Reclusorio Oriente trabajó para Juan José Quintero Payán, quien le brindaba protección a Gustavo Neri Delgado, nieto de Quintero Payán, tío de Rafael Caro Quintero.

Lo que se lee en el documento es el resultado de una pesquisa única debido a las dificultades que sortearon los agentes para infiltrarse entre los reos y los custodios que los protegían.

Quintero Payán es nada más y nada menos que cofundador del Cártel de Juárez, tío de uno de los narcos más añejos y afamados, Rafael Caro Quintero, capo del Cártel de Guadalajara, personificado por el actor mexicano Tenoch Huerta en la serie original de Netflix, *Narcos: México*. A Caro Quintero y su entonces jefe, Miguel Ángel Félix Gallardo, interpretado en aquella serie por Diego Luna, se les atribuye el asesinato del agente encubierto de la DEA Enrique *Kiki* Camarena, en 1985, el cual marcó la historia del narco en México. De ahí la relevancia de las conexiones que hizo El Duke, quien en 2011 tuvo que ser trasladado al Cefereso 3 de Ciudad Juárez, desde donde prolongó su dominio sobre el discurrir del Oriente hasta la llegada del Tortas. Como El Duke estaba en Juárez, había que desplazar a su representante, un reo apodado *El*

Mamado, que fue reubicado injustificadamente en otra prisión a mediados de junio. La información voló hasta Juárez, donde El Duke se enteró de que todo fue maquinado por El Avispa, quien hasta entonces si bien no era su socio, tampoco era su rival. Un mes después, El Avispa fue atacado a tiros dentro de la cárcel, pero sobrevivió. ¿Cómo fue que los agresores tuvieron acceso a un arma de fuego? La corrupción en las prisiones era una cloaca sin fondo.

Fue en este contexto de violencia, jamás calculado por el gobierno de Miguel Ángel Mancera, cuando El Tortas saltó al radar de las autoridades y a las páginas de la prensa, donde nada se escribía sobre su enemistad con La Unión tras ser reclutado por La Barbie, junto con El Kikín, cinco años atrás. Nada se sabía de los secuestros organizados en familia y el dominio que tenía sobre Garibaldi. Esos nexos son producto de esta investigación.

Aun así, desde 2015 era un reo peligroso, cuya guerra cobró su primera víctima en mayo de ese año. Tania Gómez Cruz, encargada de la aduana del Reclusorio Oriente, fue acribillada dentro de su camioneta, justo al llegar a su casa en Iztapalapa. Basta hojear el informe "Custodios", citado párrafos atrás, para darse cuenta de cómo fue escalando la saña hasta convertirse en una secuencia de atrocidades que parecían salidas de filmes como *Una película serbia* y *Holocausto caníbal*. No nada más eran balas sino también cuerpos mutilados, exhibidos grotescamente, como el de un hombre sin genitales hallado dentro de un taxi en Lomas de San Lorenzo, Iztapalapa, junto al que El Duke ordenó dejar un mensaje contra El Miraviones, y el del primer cadáver colgado en Ciudad de México. Se habían visto cosas así al norte del país, en algunas otras partes e incluso una vez en Interlomas, zona de alta plusvalía ubicada al poniente, pero era el Estado de México, a fin de cuentas. De hecho, ese colgado se lo atribuyó justamente La Mano con Ojos, pero nadie se había atrevido a hacer algo parecido en un puente de la capital.

Ocurrió el martes 14 de octubre de 2015, cuando automovilistas que enfilaban hacia la Autopista México-Puebla observaron lo que parecía una momia balanceándose de una cuerda de ocho metros, atada a unos barrotes que delimitan el Puente de la Concordia, zona de entrada y salida de la capital, donde cada mañana circulan miles de automóviles. El cuerpo estaba prácticamente vendado de pies a cabeza, salvo el rostro, y pendía maniatado por la espalda, justo donde una luminaria lo exponía en todo su surrealismo. "Sigo cumpliendo" concluía el mensaje inscrito en una cartulina, donde se amagaba una vez más a Miraviones y a custodios del Reclusorio Oriente. De nuevo había sido El Duke, pero las indagatorias revelaron que la víctima no era sino un migrante chiapaneco que había llegado desde hacía 18 años a la ciudad para trabajar como cargador de bultos en La Merced, un popular mercado asentado en el centro. No había indicios de que estuviera involucrado en la pugna, simplemente no había, sólo videos grabados por cámaras del gobierno donde se observaba el momento del secuestro.

Días más tarde, la Procuraduría dio una conferencia de prensa y anunció la detención de un sospechoso. Ahí quedó todo. Ni uno más. Las pesquisas plasmadas en el informe "Custodios" revelan que El Duke operaba desde Ciudad Juárez por medio de un escuadrón de pistoleros encabezados por Enrique Labastida Cortés o Heriberto Murrieta Jasso, *La Pepa*, otro expolicía preventivo que se volvió asesino a sueldo y formó su propio grupo delictivo mientras estuvo encarcelado de 2013 a 2016. Desde el Diamante, módulo de máxima seguridad en Santa Martha, cumplía los mandatos del Duke como lo sigue haciendo ahora en libertad.

El caso del Puente de la Concordia causó mucho impacto en los citadinos: en los medios que mostraban una y otra vez las imágenes del cadáver... pero no tanto en la Procuraduría, que estaba enredada y bajo una enorme presión por el multihomicidio de la Narvarte, perpetrado el 31 de agosto de ese 2015. Fueron asesinadas cuatro mujeres, entre ellas la activista Nadia Vera, y un hombre, el fotógrafo Rubén Espinosa, que, al igual que Nadia, huyó de Veracruz por el acoso que sufrían del gobernador Javier Duarte (PRI) y su músculo de corrupción. Así que los homicidios relacionados con la pelea por las cárceles pasaron de golpe a segundo plano. Pero no pararon, claro. Apenas seis días después de la aparición del hombre colgado en la Concordia, fue ultimado un hombre en la colonia Ermita Zaragoza, otra vez Iztapalapa, junta a una cartulina firmada por El Avispa, dirigida al jefe de gobierno, Miguel Ángel Mancera, y empleados penitenciarios que protegían al Duke.

Tardaron casi un año, pero las autoridades por fin consiguieron mandar al Miraviones al penal de Neza-Bordo, en el Estado de México, y al Tortas a la penitenciaría donde están su hermano José Luis y sus primos. Esto no duraría demasiado: el 8 de septiembre de 2017, El Tortas volvió a las calles. ¿Es sorprendente? En este lapso los asesinatos por el control de las prisiones siguieron, sobre todo de custodios, pero El Duke retuvo su dominio con pinzas, dejando atrás decenas de muertos, hijos que se quedaron sin madres o padres. Nada de eso fue considerado por un juez del Juzgado 2 de Ejecuciones y Sanciones Penales, que aprobó su liberación el 12 de junio de 2017, pese a que faltaban cinco años para que terminara de cumplir su condena. Sus antecedentes, los homicidios que se le achacaron, las alertas y traslados de una cárcel a otra debido a su peligrosidad no fueron tomados en cuenta.

¿Qué papel jugó La Unión en este regadero de cuerpos? Ninguno. Estaba en una fase de reorganización, en la que Pancho Cayagua y El Betito pujaban por hacerse del liderato absoluto del cártel. La contienda no era abierta, sino una especie de round de sombra en el que cada cual fue ganando o perdiendo terreno. Pese a haber sido sicario y que su figura pesaba más allá de los linderos tepiteños, Pancho Cayagua no contaba con un brazo armado propio, sino que entregaba dinero a diestra y siniestra al gatillo más eficiente o a cualquiera de los sicarios de Tepito que le jalara. En cambio, El Betito se abría paso en la mafia con las armas por delante. Lo oían repetir un dicho, en detrimento de la tranquilidad chilanga, materializado con las manos y no con la lengua: "Si quieres respeto, mata".

Corrían rumores de que El Betito había peleado en Tamaulipas con los Beltrán Leyva, que había sido adiestrado por los famosos Pelones, gatilleros de alta escuela que servían a los capos y cobraban millones, pero nada de eso era verdad. El Betito forjó su perfil criminal en las calles y, ya sea por gusto o disciplina, entrenaba tiro junto con su equipo fuera de la ciudad. De ese placer surgían las recurrentes idas al gotcha, pasatiempo que organizaba por lo menos una vez al mes. A finales de 2015, El Betito ya había conformado un pelotón de la muerte y, con la bendición del Abuelo, extraditado a Estados Unidos, y su hijo, Rachid, asentado en Cancún para recibir los cargamentos de cocaína provenientes de Panamá, comenzó a crecer e imponerse a Pancho Cayagua.

Al paso de los días, El Betito estaba más preocupado por la cacería que había en su contra —firmada por miembros de la Unión Insurgentes, ávidos todavía de vengar al Oaxaco—, que por evitar ser desplazado a un segundo plano dentro del cártel. Las finanzas y la droga recaían totalmente en Rachid, pero paulatinamente el control sobre los puntos de venta de droga en la capital, la extorsión y la estrategia de expansión quedó en manos del Betito. "Aquí no hay patrones, el patrón está en el cielo", se dice que les dejó claro a sus secuaces. De dientes para afuera, claro. Tiempo después mandó traer a un conjunto sinaloense para que le compusiera un corrido. Los músicos aterrizaron en la ciudad, se hospedaron en un hotel y horas después fueron por ellos para llevarlos a Tepito y la Guerrero. Al parecer querían comprobar las hazañas del Betito y conocerlo en persona. Estuvieron tres días y al final aceptaron componer el corrido, titulado "El Chaparrito de la B", noticia que se festejó con un pachangón de proporciones carnavalescas estilo Tepito.

El grupo delictivo lo conformaban su hermano José Arturo Mauro, Alberto, El Elvis y El Manzanas, a quien conoció desde la adolescencia durante su estancia en la correccional; El Mi Jefe, de bajo perfil pero pieza fundamental, tan así que el trato que tenían era de mucho respeto y sana distancia. Estaban también Pedro Ramírez Pérez, alias *El Jamón*; Gabriel Sandoval, *El Perro*, amigo de toda la vida del Betito; El Irving —sobrino del Elvis—; Eduardo Ramírez Tiburcio, *El Chori,* y su sobrino Víctor Hugo Ávila Fuentes, *El Huguito*; Édgar Uriel González López, *El Uriel*, brazo derecho del Mi Jefe; y posteriormente David García Ramírez, alias *El Pistache*. Había otro cómplice al que El Betito tenía un especial afecto, uno que se convirtió en su mano derecha: Juan Iván Arenas Reyes, *El Pulga*, personaje dueño de una personalidad *sui generis* en el mundo criminal, pues a todos parecía caer bien: saludaba y bromeaba sin la pesadez esperada de un sicario. Una especie de Bené en el film *Ciudad de Dios*, casi carismático, de maneras desenfadadas y que, por muchos años, en el céntrico barrio de Santa María La Ribera y la Atlampa, cuentan quienes lo conocieron, tenía la costumbre de dirigirse a medio mundo con el usted por delante. Lo apodaban Pulga porque hablaba como el personaje de la caricatura *Mucha Lucha*, con un marcadísimo acento chilango, a tono con su voz aguda que por momentos causaba gracia, lo cual sorprende tomando en cuenta que se trataba de un tipo encargado de secuestrar, torturar y mutilar, un tipo que llevaba en la cajuela de su camioneta, además de armas de fuego, un machete y un hacha. A la postre en esta espiral de historias de sangre, El Pulga y el clan del Tortas se verían las caras y encarnarían la pugna entre La Unión y La Anti-Unión, una secuela de lo vivido en 2013, todo bajo el cielo chilango y ante los ojos ciegos de la autoridad.

4

El ascenso del Betito

Si uno observa bien la evolución física de José Alberto Maldonado López, *El Betito*, por medio de las fotografías en sus licencias de conducir, probablemente descubrirá que gradualmente ganó peso, perdió cabello, dejó crecer su barba y cambió su forma de vestir. Sin embargo, es posible que también encuentre algo que nunca cambió con el paso de los años, algo tan marcado, tan fijo en su rostro como si fuera una máscara a la que le imprimieron ese algo, una misma expresión curtida, las cejas pobladas y el ceño duro, casi como denotando un enojo perpetuo. No hace falta conocer su récord criminal para notar ese semblante que sobrepasa la seriedad y roza con la ira. Las autoridades que lo han investigado saben poco sobre su niñez, el tipo de educación que recibió o su mentalidad, pero saben que fue criado en una familia grande, en algún tiempo con carencias económicas, arraigada en la conflictiva colonia Guerrero, donde todavía viven algunos de sus parientes. Saben que, a diferencia de muchos hombres con historial delictivo, no es adepto a la Santa Muerte ni a Jesús Malverde, santo asociado al narco, sino que es católico y no tiene un solo tatuaje. Quienes colaboraron con él dentro de La Unión o lo conocieron personalmente en algún otro contexto, aseguran que su gusto no es que lo llamen jefe y que por eso él a su vez no llamaba así ni al mismísimo Abuelo, compadre de Arturo Beltrán Leyva, *El Jefe de Jefes*. Cierto o no, El Betito se convirtió en líder de La Unión a finales de 2015. Contaba con el permiso de Rachid, hijo del Abuelo, fundador del cártel. Así, poco a poco, otras células criminales lo apoyaron. En la Guerrero lo siguieron Los Kilos, en el Centro fue Gabriel Sandoval Pastrana, alias *El Perro*, amigo de muchos años que presuntamente controlaba la extorsión desde pequeños comercios hasta la comunidad china, coreana y vendedores informales del metro. En la alcaldía Venustiano Carranza lo respaldó Panchito Valle Gómez, quien prestaba pistoleros a Pancho Cayagua y que cuando dejó de hacerlo lo debilitó. Uno de sus meros cabecillas, apodado Hormiga, también prefirió adherirse al Betito. Pasó lo mismo con El Jamón, quien controlaba las movidas ilegales en toda la alcaldía Azcapotzalco y con la gente del 62 de Paraguay, una enorme vecindad enclavada en el Centro que se considera un nido de sicarios, donde hay lo mismo viviendas que bodegas, casas de seguridad, improvisados bares y salidas secretas.

El 5 de noviembre de 2015, la Procuraduría capitalina tropezó en su carrera por atrapar al Betito, cada día más

incómodo por los constantes homicidios que se le colgaban, por las quejas de comerciantes agobiados por las cuotas que en su nombre se cobraban tanto en el Centro como
en Tepito y hasta por videos de YouTube donde se rogaba
al jefe de gobierno, Miguel Ángel Mancera, frenar el crecimiento del cártel. Ese 5 de noviembre, el autor de este libro
fue citado a una reunión oficial con el entonces subprocurador Óscar Montes de Oca, fiscal de Quintana Roo, quien
recibió la instrucción del procurador, Rodolfo Ríos Garza,
de compartir con el diario *Reforma* la supuesta detención
del Betito. Según el parte policial que hicieron sus detectives, el multimencionado delincuente había sido capturado
un día antes en el centro y reconocido por dos comerciantes como el individuo que les cobraba cuotas, todo bajo la
averiguación FCH/CUH-2/T2/01736/15-11. Su nombre era
Juan Antonio Ruiz Maciel, de 34 años de edad, hombre con
sobrepeso, calvo y facciones similares a las descritas en las
denuncias de YouTube, notas periodísticas e indagatorias
policiales. Montes de Oca dijo al respecto: "Hay dos denun-
ciantes que señalan directamente al Betito por pedir dinero
a cambio de dejar trabajar a los comerciantes. No tenemos
otras denuncias por extorsión, pero las estamos esperando
con esta detención".

La primicia fue publicada en portada al día siguiente.
Vinieron aplausos de la corriente mancerista (que soñaba al
entonces jefe de Gobierno en la silla presidencial) y una cascada de medios reproduciendo la noticia. Ocurrió algo que

anteriormente hubiese parecido imposible: el reconocimiento de una parte de la iniciativa privada, a cargo de Guillermo Gazal, presidente de Procentrhico, que hasta ese momento había sido muy crítica de la poca disposición del gobierno capitalino para atacar las extorsiones en el Centro Histórico. "Es un avance haber agarrado a uno [...]. El gobierno federal y estatal niegan que hay delincuencia organizada en la ciudad", señaló Gazal.

Empero, todos presumieron la medalla precipitadamente. En unas cuantas semanas los reportes de inteligencia federales y de la propia Procuraduría daban cuenta del error. Los comerciantes seguían siendo chantajeados e insistían que Ruiz Maciel no era El Betito, es más, que ni siquiera era cabecilla de La Unión sino un miembro más, un simple cobrador que casualmente se parecía al escurridizo líder. La Procuraduría optó por callar, dejar al globo mediático desinflarse por sí solo, con los días, cosa que no sucedió pues los crímenes en nombre de La Unión seguían ensangrentando el suelo chilango. Los propios agentes de la dependencia, enredados en sus propias rivalidades, aseguraban que la Unión había puesto a Ruiz Maciel en bandeja de plata para que fuera detenido como El Betito y de esta forma apaciguar a víctimas, comerciantes y a la ciudadanía en general. Lo que no se sabía, hasta ahora, es que detrás del telón de este teatro hay una historia que explica la estrategia del Betito para burlar a la autoridad con su "doble" tras las rejas.

A principios de agosto de ese año, los medios informan sobre una balacera en la Plaza de Santo Domingo, pedazo del Centro Histórico y el epicentro de las quejas por extorsiones a comerciantes. Esta plaza tiene cinco siglos de antigüedad, es patrimonio histórico de la ciudad; alberga un museo, el Antiguo Palacio de la Inquisición y una iglesia colonial. A unas cuantas calles del Zócalo, ofrece por un lado un vistazo al pasado y al folclor capitalino, pero por otro, la plaza es conocida por sus imprentas y *coyotes* que ofrecen documentos, identificaciones, diplomas, títulos universitarios y hasta certificados de defunción falsos. Es una tarde como otras hasta que se oyen balazos. Horas más tarde, algunos medios adjudican el incidente a extorsionadores, quienes de esta forma les tuercen el brazo a quienes se niegan a pagarles tributo. Esta mentira se instala como verdad en la "realidad" de los citadinos, alimentada por la cantidad de quejas previas y solicitudes de ayuda por parte de los vendedores, los cuales indudablemente padecen a La Unión, mas no se atreven a denunciar formalmente. Empero, la balacera es en realidad un atentado contra El Betito maquinado por un antiguo amigo que pretende obtener dinero aprovechando la reciente implementación del "derecho de piso" en la zona. Se trata de Fabián Miranda, *El Fabián*, criado a unas calles de la plaza, en Costa Rica; junto con su grupo armado, El Fabián presuntamente cobra cuotas tanto a dueños como a empleados de los más de mil negocios que hay en Santo Domingo. Betito se entera de esto en el momento que sus emisarios le reportan que algunos comerciantes alegan ya haber pagado. Cuestiona a todos sus mandos y todos coinciden en que no fueron ellos. Pronto los dedos apuntan hacia El Fabián, que por casualidad se parece físicamente al Betito, incluso más que el mismo Ruiz Maciel. Como no son enemigos e incluso habían coincidido en pachangas y tienen un amigo en común, El Mariano, cercano a Rachid, ambos acuerdan reunirse el 4 de agosto por la tarde, en un estacionamiento de la plaza. Betito va acompañado de algunos de su equipo, pero andan desarmados. Quizá pensaran que no era necesario o que últimamente hay muchos policías en los alrededores. Apenas se encuentran con El Fabián se dan cuenta de su error: está flanqueado por dos escoltas armados. Aun así, el nuevo jefe de La Unión le reclama por las extorsiones, algunas lanzadas en nombre del cártel. Su mirada se encaja en los ojos del Fabián, quien niega todo. Allí están, frente a frente, cada cual con sus centinelas. Se supone que nada más es cuestión de aclarar. Si El Fabián es valedor y además es impensable se le oponga al Betito... ¿qué mosca le picó?

—Te digo que yo no, hermanito —alega Fabián, pero su actitud no es la de un cabizbajo como se esperaba. Sus ojos se funden con los del líder del cártel. La tensión va consumiendo la mecha de los presentes hasta que uno de los guardaespaldas de Fabián saca una pistola y abre fuego contra la gente del Betito, quien se abalanza contra Fabián para aplicarle un candado al cuello y usarlo como escudo ante la seguidilla de plomazos. Cuando se vacía el cargador de la pistola,

Betito avienta al Fabián y corre hasta una calle donde los espera un chofer. Ve a los suyos correr hacia él y el nerviosismo le hace poner la palanca en *drive*.

—¡Pero préndelo, güey!

Rápidamente se recompone y el auto arranca violentamente. En la plaza se multiplica el pánico entre los visitantes y trabajadores. A tan pocas calles del Zócalo y de la oficina donde despacha el alcalde, es de esperarse la tremenda movilización policiaca. Los protagonistas del pleito ya están bastante lejos, pero sigue el corredero, el aullar de las sirenas, la confusión y la aparatosa búsqueda de sospechosos, cuyo saldo es el arresto de dos incautos liberados a las pocas horas.

Ese tiroteo forzó los engranes de la Procuraduría, la cual armó un operativo permanente en los alrededores y visitó, negocio por negocio, a los afectados por las extorsiones para obtener denuncias. No hubo ninguna. Nada. La confianza institucional estaba por los suelos y al final la presencia policiaca solo sirvió para la foto y la anécdota. En cambio, el atentado contra El Betito sí que tuvo una respuesta: apenas unas horas más tarde, fue ultimado a tiros Armando Ramírez Beltrán, muy cerca de Plaza de Santo Domingo, en Perú y Leandro Valle. Al día siguiente, mientras su cuerpo era velado en una vivienda sobre la calle Corea, colonia Romero Rubio, pistoleros de La Unión transformaron los rezos de los deudos en gritos aterrados al abrir fuego indiscriminadamente. Dos hombres murieron y sus familiares afirmaron que no eran sino comerciantes de la Plaza de Santo Domingo renuentes a pagar chantajes del crimen organizado. En las calles se decía otra cosa: que eran subordinados del Fabián, cuya respuesta se limitó a lo mediático, pues mandó colgar un video en YouTube donde una figura oculta en un ropaje oscuro exigía al gobierno acabar con La Unión no sin antes revelar algunos de los nombres de sus cabecillas y de policías que presuntamente tenían en su nómina, incluyendo a personal del C4, el centro policial de control de las 18 mil cámaras apostadas en la ciudad. Lo mismo hizo El Betito, pero con una sorpresiva vuelta de tuerca: el video titulado "verdaderos extorsionadores de comerciantes" exhibía fotografías del Fabián, aunque ahí se aseguraba que era Betito, aprovechando su parecido. Una tiradera milenial cuyo resultado fue el despiste. A partir de eso, muchos medios comenzaron a publicar en sus notas la imagen de "Fabián", extraída del video, como si fuera El Betito, seguido del pergamino de fechorías que le atribuían, fenómeno que, se crea o no, contagió incluso a los detectives que le seguían los pasos y que por un tiempo redactaron sus informes con este yerro. Las extorsiones no han cesado hasta ahora, es más, se extendieron a otras zonas, modalidades y blancos no tocados en el pasado, como bares, restaurantes y hasta la trata de personas, representada por la página Zona Divas, creada por la mafia argentina, cuyos representantes mexicanos pagaban una mensualidad a La Unión. Droga marcada con una U se movía entre la clientela del sexoservicio al tiempo que algunas de las "modelos", todas víctimas del regenteo, comenzaron a relacionarse con los gángsters.

Para esas fechas, La Unión se abastecía de droga a través de Rachid. Con la dolariza obtenida de sus socios en Estados Unidos, el hijo del Abuelo seguía patrocinando la organización criminal operada por Betito. En efecto, en ese tiempo La Unión no se había expandido tanto. Todavía presionaba por someter a las pocas narcofamilias que se resistían en Tepito y solamente se hacía sentir en dos alcaldías, la Cuauhtémoc y Venustiano Carranza. En los años siguientes extendería sus tentáculos a Gustavo A. Madero, Iztacalco e Iztapalapa; después la Benito Juárez, Azcapotzalco, Tláhuac, Coyoacán y Naucalpan, así como Nezahualcóyotl y Ecatepec, en el Estado de México. Después también se hablaría de Cancún y Veracruz. Cada día que se extinguía bajo el cielo plomizo de la capital, resultaba más complicado minimizar al cártel, cuyo nombre, La Unión, La U, La Uva o La Empresa se fortalecía como marca registrada del hampa. Ya en los reclusorios, por ejemplo, los imitadores consideraban más efectivo usar la U que la Z de Los Zetas, como si las organizaciones criminales estuvieran supeditadas a la moda. Delinquir a estos niveles, en un país donde en los últimos dos sexenios sólo dos de los 233 "objetivos prioritarios" de la seguridad nacional han sido sentenciados por delincuencia organizada, parece ser un gran negocio con un enorme porcentaje de impunidad. Estos datos los dio a conocer la asociación civil Mexicanos Contra la Corrupción y la Impunidad, en una investigación realizada por las periodistas Laura Sánchez Ley y Zorayda Gallegos, soportada con 500 solicitudes de información. En este fértil terreno fue creciendo La Unión. Aparte de los dólares de sus socios en Nueva York, el gigantesco mercado capitalino y las extorsiones, el control de los centros nocturnos en zonas con poderío económico, como Polanco, Condesa, San Ángel y las jugosas ganancias que dejaban cada fin de semana sirvieron como combustible para potenciar el cártel. Para finales de 2015 y a lo largo de 2016, con el debilitamiento de La Unión Insurgentes, la cual todavía explotaba el consumo de tachas, éxtasis, ácidos y cocaína en los antros, se abrió la oportunidad de incursión de La Unión. Justo esto había tratado de hacer El Moco, operador original bajo las órdenes del Abuelo, pero los efectos del caso Heaven, un escándalo más allá de las fronteras mexicanas, lo hicieron fracasar. El Moco se vio forzado a esconderse en Cancún, arropado por Rachid; bajó de peso, se deprimió y jamás volvió a aparecer en la escena delincuencial ni mediática hasta el día de su aprehensión, en mayo de 2018, en el Estado de México.

No es difícil comprender por qué se codicia tanto el dominio de la droga que fluye en la vida nocturna clasemediera o alta. En la calle, generalmente, un papel con cocaína —medio gramo aproximadamente— cuesta entre 80 y 120 pesos. Esa misma dosis se vende por 200 en las inmediaciones de los antros, afuera, donde como incansables satélites orbitan distribuidores independientes o miembros de algún grupo delictivo, a bordo de sencillos coches particulares o taxis, esperando un mensaje de empleados del antro que los conectan. Pero adentro del club, del bar, el precio se dispara a 300 o 350 pesos. Misma lógica con la tacha, ofrecida desde 60 pesos en la calle y 150 en el antro. Ya en los sitios más exclusivos, llámese en Polanco, San Ángel o Bosques de las Lomas, donde están varias embajadas y mansiones, medio gramo de cocaína estándar puede costar hasta 500 pesos, o si es su versión rosa conocida como tucibi o pantera rosa, se ofrece hasta en 600 pesos. Según el Inegi (2018) únicamente en el corredor Roma Condesa, altamente turístico y siempre de moda hay 2 mil 400 bares o establecimientos con similar concepto. Si sumamos Polanco, San Ángel y Bosques, es decir, donde se divierte la clase media o alta, el botín engorda con una gula insaciable. Falta anotar a la lista otras zonas a la postre controladas por La Unión, donde también se presume una actividad nocturna prolífica para personas de todos los estratos, como Nápoles, Narvarte, Coyoacán centro, Coapa, Zona Rosa y la Del Valle. Tan solo en el Centro Histórico mil 327 bares abren sus puertas cada día. Entonces ¿suena o no el *cling* de la caja registradora? Entusiastas del consumo libre y lectores de *Nuestro derecho a las drogas*, del célebre psiquiatra húngaro Thomas Szasz, podrían pensar que en este rollo no hay víctimas ni victimarios, sólo clientes y proveedores, pero no siempre es así, no todos los involucrados en el tema, directa o indirectamente, compartirían esa idea simplista. Hay víctimas, sin duda: empleados obligados a coludirse, dueños que vieron cerrar su negocio para siempre por un acontecimiento criminal ocurrido allí como un secuestro o trata de personas, delitos sujetos a la extinción de dominio, una ley que permite al gobierno quitarle el inmueble al propietario y hacer uso del mismo para siempre. Un ejemplo evidentemente es el bar Heaven, ubicado en la calle Lancaster, Zona Rosa, de donde La Unión Insurgentes secuestró a 13 jóvenes que después asesinó, todos ajenos a la narcoguerra contra La Unión Tepito. Muchos bares y hasta restaurantes cerraron definitivamente tras las averiguaciones del suceso y algunos dueños tuvieron que enfrentar una larga batalla legal contra el gobierno para recuperarlos.

Así, el encargado de tomar el control en los antros para La Unión resultó ser David García Ramírez, *El Pistache*, nacido en la céntrica colonia Santa María la Ribera el 6 de mayo de 1986, de acuerdo con el Cisen. De 1.75 de estatura, tez morena, rasgos finos, cabello corto a la moda y barba de candado, El Pistache no era un sicario de cepa, pero sí un hombre con una enorme capacidad de hacer relaciones públicas dentro del universo mafioso. Conocía de arriba abajo el movimiento antrero porque era asiduo, sobre todo de los sitios donde mezclaban música electrónica. Para finales de 2015, su expediente criminal estaba limpio, a diferencia de la mayoría de los miembros del cártel. Aprovechó eso para crearse una imagen menos intimidante y así colarse en círculos donde los demás no podían en ese entonces, como el de los juniors, actores, *youtubers* y participantes de *reality shows*, como *Acapulco Shore*. Criado con carencias,

96

antes de escalar en el mundo delictivo se las arreglaba para vestir con ropa de marca y maquillarse un rostro más parecido al de un microempresario que al de hampón. No tardó mucho en traer Gucci y Louis Vuitton de pies a cabeza. Él resultó esencial para el despegue del Betito, pues pudo reunir una bola de *dealers* desperdigados que ya hacían presencia en centros nocturnos. Solamente Zona Rosa y el corredor Roma Condesa seguían en manos de Luis Felipe Chávez Cabrera, *El Pavo*, y los de Insurgentes, pero sobre un hielo muy delgado: a principios de octubre de aquel 2015 La Barbie fue extraditado a Estados Unidos y sus socios en la capital tuvieron que navegar solos. Uno de sus primeros aliados, mencionado en páginas anteriores, Cristian Omar Larios Tierrablanca, alias *El Kikín*, originario de Tepito, se distanció del Pavo e incluso comenzó a entrar al fructífero negocio del narco en la Condesa. Según el informe "Tlatelolco", elaborado por ssp el 24 de marzo de 2017, ya poseía un par de bares en el centro y Zona Rosa, pero se apoderó del Dussel, ubicado en la calle Saltillo, clausurado varias veces por distintas irregularidades, cuyo dueño original fue atacado a tiros en enero de 2016, lo cual lo forzó a ceder el establecimiento al Kikín y a su socio Jaime Geovanni Rodríguez Jiménez, *El Tiburón*.

Como se ve, en la mafia todo es una dialéctica cargada de vehemencia, donde los pactos y los reinados se sostienen de un hilo, como agua, o más bien sangre, que escurre entre los dedos. En esas movidas buscaba abrirse paso El Pistache, pero en noviembre de 2015 cometió un error, un arranque de celos que expuso su verdadera cara.

Es la madrugada del 8 de noviembre y la música se escapa de los muros del Lucca, una discoteca en Campos Elíseos, Polanco. Para esas horas pululan los trasnochados de cinturón Ferragamo y camisa Dolce & Gabbana con los botones del pecho abiertos. Entre ellos va y viene Carlos Apaez Romo, de 21 años de edad, quien hace poco se mudó de Sinaloa para trabajar con su tío, próspero empresario del ramo alimentario. Horas antes, su tío le prestó una camioneta Tahoe y le asignó una escolta para que lo llevara, junto con cuatro amigos, a diferentes antros de Polanco. Al final se deciden por el Lucca. Debajo de su altísimo techo, frente a las enormes columnas estilo Partenón y entre el gentío empapado de una luz púrpura, se encuentran Carlos y una chica que supuestamente había sido novia de su hermano, según consta en la averiguación FMH/H-2/00139/15-11. Carlos reconoce a la atractiva joven, quien está acompañada de Pistache, su novio desde entonces, y dos amigos de éste. El saludo, de parte de Carlos, es animado, desfachatado si se quiere, un tanto por el alcohol y otro por su personalidad extrovertida, rematada con un golpeado acento sinaloense. La chica contesta el saludo sin demasiada efusividad. Inmediatamente regresa su atención a su novio, como movida por un resorte invisible. Carlos insiste en llamar su atención e intenta decirle algo al oído sin éxito, pues justo en ese instante el DJ avienta un levantón de sonido que apaga su voz. Carlos amaga con insistir cuando Pistache da un paso hacia él.

—Ábrete a la verga —escupe. Según testigos, Carlos se envalentona y clava sus ojos en los de Pistache. En eso, un amigo del sinaloense lo jala del brazo, ambos se alejan y el asunto parece haber acabado ahí. A las 2:00 horas, unos 20 minutos después, Carlos y Pistache se vuelven a topar. El primero elude a su contrincante, no sabe quién es o quizá sí y por eso prefiere darle la vuelta. El Pistache avanza con pesadez, la barbilla alzada y un individuo a su lado, identificado después como Carlo Rainer Núñez Oceguera. Carlos decide salir del antro. Apresura el paso, lo mismo que sus perseguidores. Esquiva al cadenero y logra salir. Afuera, a unas calles, lo espera su escolta, pero jamás llegaría a tiempo. El cadenero piensa que no pagó su cuenta y pide a otro que vaya tras él. Todo es grabado por las cámaras del lugar. Para ese momento, Pistache y su compinche están por cruzar el umbral de la puerta. El cadenero se interpone.

—No pueden salir —advierte.

Ni bien termina la frase cuando lo apuntan con una pistola.

—Muévete —le ordenan. No lo duda ni un segundo. Impotente, abre paso.

Pistache enfila hacia Carlos, que no se sabe seguido y recibe un balazo por la espalda. Casi en la esquina de Campos Elíseos y Alejandro Dumas se desploma. El estruendo alerta a su guardaespaldas, quien desenfunda su arma y abre fuego contra nada, sólo dos sombras que se desvanecen. Todo pasa en esas calles tan supuestamente vigiladas, concurridas incluso a deshoras, en el famoso Polanco. Los amigos de Carlos salen en su búsqueda. Los invade el horror: Carlos está tirado desangrándose. Alguien pide una ambulancia. Hay gritos, puños golpeando una pared. Un casquillo percutido todavía caliente yace junto a un joven tendido en el asfalto. Uno como cientos que cada fin de semana salen a divertirse. La ambulancia llega y lo traslada a un hospital. Sus amigos lo acompañan. Tienen la esperanza de que sobreviva, pero Carlos muere.

Carlos Apaez Romo no era un *dealer* ni nada por el estilo. Era uno de los muchos que se divertían en el Lucca y que de la nada se volvió víctima del crimen organizado, ese que tanto tapaba el gobierno mancerista. Carlos era aficionado a las motocicletas deportivas y la bachata. Su padre había fallecido dos años atrás. Un amigo suyo aparentemente conocía al Pistache o eso es lo que se cree por unas fotografías que el primero tenía en sus redes sociales. Por ello se regó el rumor de su estatus de sospechoso, de ponerlo, cosa que no se comprobó nunca.

Pero ése no fue el final de la historia.

Unos días después de haber identificado el cadáver, su tío pidió auxilio a la Procuraduría capitalina debido a amenazas telefónicas de las que era blanco. Al otro lado de la línea un sujeto que afirmaba ser El Pulga exigía 2 millones de pesos que supuestamente Carlos le debía.

—O correrá más sangre —le advirtió.

No había tal deuda. La Unión se enteró por los medios de la capacidad económica del tío y decidió extorsionarlo.

"Refiriendo que ha recibido llamadas de amenazas, intento de extorsión e intimidación por personas desconocidas, que son los responsables del homicidio de su sobrino", se lee en su denuncia del 11 de noviembre.

La protección no llegó a tiempo, pues semanas más tarde el tío abandonó su casa al sur de la ciudad y no volvió a presentarse ni en la Procuraduría ni en las instalaciones de su empresa, cuyas puertas no abrieron nunca más en tierras chilangas.

El poder del Betito se fue consolidando en 2016. En febrero de ese año mataron en el cruce de Estanquillo y Peralvillo, en Tepito, a Ulises, *El Tío Liches*, quien según las pesquisas de la Procuraduría General de Justicia de la Ciudad de México, retomadas y publicadas por la prensa era un próspero narco del barrio que se rehusaba a someterse; era la estocada final para hacerse del control total de la zona. En la Gustavo A. Madero se consumó otro homicidio clave, el de don Catalino, supuestamente un añejo y respetado mafioso asentado en esa alcaldía al norte de la capital, pero con brazos muy largos, tan largos como para abastecer de cocaína a sus socios en Estados Unidos y a decenas de distribuidores chilangos. Don Catalino conocía bien el Barrio Bravo, allí también presumía hondas conexiones delictivas, pues era compadre de Fidel Camarillo Salas, *El Papirín*, zar de las drogas en Tepito a principios del siglo, actualmente preso, familiar político de Pancho Cayagua y su antiguo patrón. En octubre y noviembre de ese año, otras personas ligadas a los Camarillo fueron ultimadas, como Raymundo y Alexis Adán Camarillo, este último sobrino de Pancho Cayagua, quien gradualmente perdió fuerza en comparación con la acumulada por El Betito.

¿Cuál fue la diferencia entre ambos? El poder de fuego, la cohesión entre sus seguidores, resultado de la complicidad desde adolescentes, y un tercer factor esencial: Betito le dio una nueva forma al cártel, levantó su estructura con base en una cadena de mando horizontal, no piramidal. Claro, él es amo y señor de La Unión, pero la operación del cártel no depende de él sino del funcionamiento de sus células. Dicho de otra manera, el cártel no es un panal organizado en torno a una abeja sino un conjunto de hormigueros trabajando entre sí. Por eso La Unión siguió creciendo pese a la extradición de su fundador, pese al caso Heaven, la huida del Moco, su operador original, la detención de Pancho Cayagua en agosto de 2016 y la de otros cabecillas. El modelo fue tomado del Cártel de Sinaloa y del Cártel Jalisco Nueva Generación, los cuales, sí, tienen una cabeza o dos, pero la continuidad de sus operaciones recae en células conectadas lo estrictamente necesario, regidas no por una sola persona sino por un manual, un *know how* impuesto por el cártel. Podrán caer jefes, pero el cártel persistirá en tanto las células sigan apegándose a una forma de delinquir, a respetar la renovación de liderazgos y no pelear unos con los otros, pues eso debilitaría el nombre de la marca y por tanto el negocio. Evidentemente, lo que amalgama esas células es la corrupción. Así se explica la longevidad de La Unión, a diferencia de, por ejemplo, muchos de los grupos delictivos nacidos de la fragmentación de los Beltrán Leyva, algunos que se autodenominaron cárteles, pero no duraron ni un lustro, como La Mano con Ojos, el Cártel Independiente de Acapulco, el Cártel del Centro, etcétera. No pasaría mucho tiempo para que El Betito aceptara que otras bandas usaran el nombre de La Unión para delinquir a cambio de un pago mensual y respetar algunos lineamientos básicos en aras de perpetuar el poder de la marca Unión.

Cuando Pancho Cayagua fue aprehendido, el 15 de agosto de 2016, al dirigirse a su casa en Lindavista, al norte de la capital y pese a que no estuvo mucho en prisión, el nombre de La Unión Tepito se extinguió. Él era el eslabón que unía al cártel directamente con el Barrio Bravo, pues ahora su líder absoluto y la mayoría de sus capitanes eran nacidos en la colonia Guerrero. El nombre ya no necesitaba ese arraigo para ponerlo como insignia contra los fuereños, como La Barbie. Para los medios, el "Tepito" seguía vendiendo, pero con la caída de Pancho Cayagua, el nombre del cártel cambió a La Unión de la B, letra que no es sino el sello de su nuevo jefe, todo con la aprobación de Rachid, hijo del Abuelo. A partir de este momento, la organización criminal creció aún más, a prácticamente toda la capital mexicana, el Estado de México, Veracruz y, por supuesto, Cancún, paraíso turístico y cultural al que le cambiaron su estatus de refugio y zona para recibir cargamentos de cocaína por otro más peligroso, uno bajo el cual les permitiría vacacionar, pelear contra Los Zetas y armar tiroteos con toda impunidad. Una segunda casa, pues.

5

Cien gatilleros chilangos amenazaron Cancún

Tres autobuses con pasaje lleno salieron una fría mañana de la Terminal Oriente rumbo a Cancún. Eran los primeros días del 2017 y casi 24 horas de camino esperaban a los falsos vacacionistas que cargaron los camiones con pelotas de playa, trajes de baño y bronceadores. Iban algunas mujeres y niños, pero la mayoría eran hombres adultos que, de antemano, sabían el verdadero propósito del viaje: matar a miembros de Los Zetas. Todos estaban al servicio de La Unión, conscientes de las instrucciones recibidas: fingir ser excursionistas hasta que los autobuses los dejaran en las casas de seguridad, donde ya los esperaban emisarios con nuevas órdenes y un arsenal. Horas antes, un avión aterrizó en el aeropuerto y de allí salieron los mandos del cártel, con una fachada distinta: ser parte del staff de un evento deportivo internacional. Traían gafetes y todo, pero no eran sino El Betito y sus capitanes, que se había mezclado con los pasajeros del vuelo procedente de Ciudad de México. En la misma fila bien pudo haber ido un joven estudiante, una pareja de abuelos saboreándose por adelantado la brisa del Caribe y al lado El Pulga, no se diga el mismísimo Betito, para entonces uno de los mafiosos más buscados por autoridades de todos los niveles. Los rostros de algunos de ellos ya habían sido difundidos, pero a pesar de todo, los 10 pasaron sin problema las aduanas, salieron del aeropuerto y se treparon a unas Suburban negras con chofer incluido.

Los informes posteriores del Cisen y de la Fiscalía General de la República confirman la llegada de los delincuentes a tierras quintanarroenses, pero no el momento de su detección. No se especifica si su paso por los aeropuertos se confirmó demasiado tarde o si fue en tiempo real y no se les arrestó por algún motivo o instrucción de alguien. En cualquier caso, el músculo de La Unión estaba en Cancún, una de las ciudades más turísticas de México gracias a sus aguas cristalinas, su proximidad con majestuosas ruinas mayas, sus cenotes, parques acuáticos, lujosos hoteles y centros comerciales, además de su boyante vida nocturna. El objetivo era pelear con Los Zetas, pues habían secuestrado al Bebé, hermano menor de Rachid. Sin embargo, las razones del secuestro siguen siendo un misterio.

Corrieron versiones más razonables que otras:

El Bebé, apenas mayor de edad, se presentó en un antro bajo el control de Los Zetas, enjoyado, ruidoso, soltando dólares de aquí para allá, presumiendo a las voluptuosas mujeres colgadas de sus dos brazos. O no sabía del dominio Zeta en el sitio o le importó un carajo. Rápidamente llamó la atención y apenas iba por el tercer trago cuando un comando armado lo sacó de ahí junto con sus acompañantes. Esta versión sugiere que sus agresores no sabían que era hijo del Abuelo, por demás conocido no sólo en Cancún sino de sur a norte y hasta en el seno de las cúpulas del narco mexicano. Tras interrogarlo se enteraron.

La otra versión desliza que Los Zetas estaban perfectamente enterados de a quién mantenían secuestrado. El nombre de La Unión sonaba cada vez con más fuerza en el panorama criminal nacional y a últimas fechas lo hacía más en el de Cancún. En algunos antros y gimnasios VIP donde se vendía droga se mencionaba con más frecuencia. Cuando el río suena, es porque agua lleva, dice el refrán. Con El Abuelo extraditado no parecía haber garantías de que sus hijos, menos experimentados y, por lo tanto, menos diplomáticos en el mundo mafioso, resistieran la tentación de sumarse a la pugna por el paraíso. Tenían la capacidad de fuego, dinero y el apoyo de las autoridades que por años El Abuelo tuvo en el bolsillo. Así, para cuando La Unión irrumpió en Cancún, Los Zetas peleaban encarnizadamente contra la banda de Leticia Rodríguez Lara, *Doña Lety*, y el Cártel del Golfo; así que más allá del vaivén paradisiaco se invocaba a un demonio con tufo a muerte.

Liderados por El Betito, los cabecillas del cártel se encontraron con Rachid en uno de sus gimnasios, donde discutía acaloradamente con un supuesto comandante de la Procuraduría General de la República. El primero iba y venía dentro de su oficina apretando los puños y mentando madres. Igual encaraba al comandante que a sus guardaespaldas. Era evidente que la tensión arreciaba a la par que el calor caribeño se manifestaba en la empapada playera deportiva de Rachid. Los pistoleros chilangos fueron desplegados en puntos estratégicos vinculados a Los Zetas: bares, autolavados, casas de seguridad, narcotiendas e incluso cuarteles de la policía local. Así se fueron consumiendo los minutos y los cigarros, apilados como cadáveres en el cenicero con incrustaciones de diamante. Sólo Rachid sabe lo que se dijo y no se dijo, con quién negoció, cuán cerca estuvo la matadera y el acuerdo al que llegó con Los Zetas, pero su hermano fue liberado esa tarde, con apenas unos cuantos golpes en el rostro. Para los gatilleros chilangos probablemente todo quedó en anécdota, pero en el seno del Cisen y en el de algunas otras autoridades enteradas de lo sucedido se encajó una idea nueva e inquietante: un grupo criminal surgido y asentado en la capital había crecido demasiado; se manifestaba peligrosamente ya no nada más en su patio trasero, sino ahora en uno ajeno, donde midieron fuerzas con Los Zetas. Para fortuna de los quintanarroenses, fue sólo eso. La historia, sin embargo, no termina aquí. Por circunstancias muy distintas, La Unión no se retiraría del estado sin dejar muertos atrás.

Resulta que, liberado El Bebé, la centena de matones chilangos volvieron sobre sus pasos, pero los jefes del cártel decidieron quedarse al festival de música electrónica BPM, celebrado por esas fechas en Playa del Carmen. El Betito es amante de este tipo de música, fanático del DJ inglés Carl Cox, por lo que propuso acudir al evento. A todos sus capitanes les entusiasmó la idea. Estaban El Pulga, Mi Jefe; Uriel, El Tomate, El Pistache y El Manzanas, que compartían la afición por los *raves*. Las autoridades federales corroboraron después la asistencia del Betito y su gente con fotografías, entre ellas una del Pulga, apoyado en muletas debido a una cirugía reciente, secuela todavía del balazo que recibió tras el ataque del Fabián y sus escoltas en 2015. Así, la noche del 14 de enero de 2017, estaban todos en el bar La Selva cuando El Uriel bailaba con una mujer que resultó ser acompañante de uno de los supuestos dueños del exclusivo antro Blue Parrot, una de las sedes del prestigioso festival BPM, el cual celebraba su décimo aniversario con los mejores mezcladores del mundo. Las entradas costaban entre 350 y 900 dólares. Había fiesteros de todas partes, personajes del espectáculo e hijos de poderosos empresarios mexicanos. Es el tipo de eventos a los que Cancún y Playa del Carmen están acostumbrados, con la bien ganada etiqueta de foco turístico mundial. El encuentro entre Uriel y la acompañante del supuesto propietario del Blue Parrot se convirtió en amenazas entre éste, El Uriel y el resto de los capitanes de La Unión. Todo quedó ahí, pero a la siguiente noche, ambos bandos volvieron a encontrarse en el Blue Parrot, donde los amagos continuaron. De nuevo, de ahí no pasó el asunto. Sin embargo, cuando la fiesta terminó, El Betito les dijo a sus capitanes que, la siguiente noche, el 16 de enero de 2017, atacarían a su rival.

Esa noche calurosa fluía la clausura del evento. Mandalas y figuras de neón colgaban de palmeras y del techo de la atiborrada discoteca. Todo era un desfogue de luces que se correspondía con las pupilas dilatadas y la euforia. Dientes rechinantes, sudor fluorescente y cuerpos vibrantes que no se cansan de bailar. Los más puestos se desgañitaban frente al DJ o sacudían la cabeza frenéticamente a unos pasos del océano. En ese oasis anfetaminoso, pasadas las 2:10 horas y según el expediente FGE/QR/DRMPRM/UDHOM/01/31/2017 de la Fiscalía de Quintana Roo, se desató un tiroteo cuyas balas alcanzaron a guardias de seguridad y a la clientela. Cuando la música paró ya reinaba el caos en el Blue Parrot. Los que antes aullaban de éxtasis ahora lo hacían de pánico, que se multiplicaba a cada segundo. Rápidamente, la confusión generó una estampida mientras en los alrededores crecía el pasmo. El saldo: seis personas muertas, tres de ellas que eran parte del staff; dos mexicanas y una estadounidense, fallecida por severos traumatismos en la cabeza, además de otras 15 lesionadas. Han pasado dos años de la tragedia y la investigación parece estancada, según sendos análisis del periódico *Excélsior* y del canal local 10. Algunos medios reprodujeron la hipótesis oficial de una riña o de un lío entre narcomenudistas, pero el periodista Marcos Muedano fue enviado al lugar y logró generar hipótesis más hondas, incluyendo el dato de que la venta de droga en el festival estaba a cargo del Cártel del Golfo, luego de haber llegado a un acuerdo con los propietarios del Blue Parrot, aparentemente miembros de la mafia de Quebec, Canadá. Los informes policiacos obtenidos por Muedano así lo establecen. No obstante, lo que pasó realmente no ha sido desentrañado por la Fiscalía local.

Testimonios de algunos de los propios perpetradores confirman el pleito entre La Unión y uno de los dueños del Blue Parrot. Una noche antes, El Uriel convivió con dos modelos venezolanas con las cuales supuestamente consumió 2-CB o tucibi, cocaína rosa y bailó de tal manera que aparentemente molestó a uno de los mandamás del antro, el cual desde la tarima del DJ supuestamente mandó a personal de seguridad a verificar. Brotó la discusión y las amenazas, pero no fue sino hasta la noche del cierre del BPM que los malandros chilangos fueron al festival con la orden expresa de atacar. El Betito ordenó "ir por las pinzas", que no son otra cosa sino las pistolas, pero esa noche no fue partícipe de la balacera. Consta en la carpeta de la Fiscalía de Quintana Roo que un hombre de playera blanca abrió fuego. Las imágenes de la matadera rodaron no solo por las televisoras mexicanas sino por las internacionales, no se diga por las redes sociales, atestadas de clips donde aparecían turistas tirados bajo las mesas o parapetados lo mismo detrás de coches que de palmeras. Un infierno en pleno paraíso. Se sabe que los capitanes de El Betito huyeron a pie mezclados entre el gentío, sin bajas ni heridos, incluyendo al Pulga con todo y muletas. La casa que rentaron estaba a unos diez minutos a pie del Blue Parrot. Todavía se quedaron en Playa del Carmen unos días hasta que, de forma escalonada, aterrizaron en Ciudad de

México y hasta ahora no son mencionados en la indagatoria de la Fiscalía quintanarroense, salvo por este testimonio:

> Por conducto de la policía Ministerial se obtuvo información respecto a una persona con conocimiento de los hechos y de los posibles autores, información que se está confirmando y en su momento se le hará de su conocimiento, la cual está basada en la primicia de un grupo delictivo ajeno a este estado, el cual incursionó en la venta de estupefacientes un día antes de los hechos y al ser identificados por personas como vendedores de estupefacientes, como represalia por haberles quitado su mercancía, accionaron armas de fuego en el lugar del hecho.

El Blue Parrot no ha abierto más sus puertas, no es sino un esqueleto de concreto empolvado a unos cuantos metros del Caribe. Sus dueños no han cooperado con las autoridades, únicamente algunos de los organizadores del BPM. Este pasaje sangriento cimbró al país y puso en jaque al turismo estatal, principal impulsor económico y fuente de trabajo. Como era de esperarse, el gobierno estadounidense recomendó no viajar a Cancún y Playa del Carmen, mensaje alimentado principalmente por la muerte de una de sus compatriotas.

La Arena México es un hervidero. Poco más de 10 mil fanáticos de la lucha libre se deshacen en porras o insultos, degustan pepitas y se pasan los tacos de canasta con largos tragos de cerveza. Al centro del cuadrilátero miden fuerzas L. A. Park y El Cibernético. Es la calurosa noche del 13 de abril de 2016. Con la voz descompuesta y los ojos extraviados por el alcohol, un cuarentón de tupido bigote agita los puños y escupe improperios contra El Cibernético, que para ese momento tiene doblegado a su contrincante, con la panza sobre la lona y la máscara hecha jirones. Truenan matracas por un lado y se multiplica la rechifla por el otro cada vez que El Cibernético encara al público. Todo un espectáculo, muy socorrido por el turismo extranjero que observa las acrobacias de los luchadores y las coloridas máscaras que llevan muchos asistentes como si se tratara de una pintura surrealista. Pero es tal vez la dinámica entre la afición y los gladiadores lo que más los anima, aunque poco o nada entiendan del florido español utilizado para retarse.

—¡Chinga a tu madre, Cibernéticooooooo! —escupe un muchacho situado en primera fila. A su lado y atrás estallan las carcajadas porque el peleador voltea inmediatamente para responder con un sonoro pisotón y una mueca con los labios que hace las de beso tronador. El par de luchadores intercambian manazos en el pecho, se tambalean, caen como bultos para luego levantarse poseídos por un segundo o tercer aire. Se trenzan sudorosos, tiran golpes al aire y aplican llaves que no dan el ancho para rendir al otro. De pronto, L.A. Park, con su disfraz de calaca a punto de reventar por las voluminosas carnes que enfunda, trepa una a una las cuerdas del ring y se prepara para volar por los aires. Su rival, aturdido por la golpiza, da de tumbos abajo del encordado, tratando de apartar su larga cabellera de los ojos, cegados ya por el sudor. El gentío azuza a L.A. Park a arrojarse sobre su oponente.

—¡Mátalo, mátalo! —ladran unos, mientras el resto se inclina sobre su butaca, casi aguantando la respiración para no perder detalle del vuelo suicida. Una escuálida mujer de pelo canoso hace resonar su matraca y la muchedumbre bate palmas para alentar al guerrero enmascarado. Casi pierde el equilibrio, pero al fin consigue posicionarse, abre los brazos y se arroja hacia su oponente, que no hace otra cosa sino recibir el tonelaje en una especie de abrazo. La fanaticada explota en un griterío y aventadero de cerveza. Los ánimos están caldeados. No faltan los encares entre espectadores, las mentadas de madre y la cábula.

Quien haya ido a las luchas entiende bien que esto es común. La mayoría de las veces no pasa del amago, pero esa noche los integrantes de una porra ignoran quiénes son los enmascarados con los que se picudean. El alcohol ya los tiene agitados, son numerosos, de barrio bravo y nomás falta una chispa para que truenen. El calor asciende al techo de la arena, se pega en las paredes y se esparce como si fuera un sauna, pero esos hombres no se quitan las máscaras. No quieren ser reconocidos, pues sus rostros han circulado en la prensa. Son del Cártel de La Unión.

En eso, los luchadores vuelven al ring y su ritual está en el punto más álgido. Es evidente que la fatiga casi los vence, pero tienen todavía cuerda para enardecer al público una vez más. Justo cuando uno de ellos se abalanza como toro de lidia, el otro arroja al réferi como escudo y éste se desploma. Hay risotadas pero también abucheos. Segundos después, los gladiadores forcejean y caen al mismo tiempo. Con las espaldas contra el suelo, el réferi se arrastra hasta ellos para hacer el conteo final.

—¡Uno! ¡Dos! ¡Tres! —exclama mientras golpea la lona con la palma de su mano. Hay un empate y la fanaticada revienta. Ha sido un show emocionante, pero a nadie le gustan los empates. El sonido local pone una rola de Guns N' Roses que acompaña la lluvia de palomitas y chisguetes de cerveza o refresco lanzados al cuadrilátero. La arena es un puño agitándose, un desafinado concierto de maldiciones. Con el paso de los minutos se diluye el drama y la gente se agolpa en las salidas. Una vez afuera, los de La Unión interceptan a los muchachos de la porra. El pique se camufla entre la marea de personas avanzando lentamente sobre la calle Doctor Lavista. Uno de los enmascarados deja ya ver su rostro: cejas pobladas, barba, calvicie y mirada hosca. Parece importarle un carajo si alguien lo reconoce como el mal afamado Betito, buscado hasta por debajo de las piedras por autoridades chilangas. Está junto con dos de sus cómplices justo afuera del estacionamiento del bar Búho Tropical, donde se forma un breve zafarrancho. Todo es videograbado por cámaras del estacionamiento. Se ve al propio Betito, de pantalón y playera blanca, calmar a sus hombres, invitándolos a retirarse e incluso empujando levemente a uno para que se aleje. La cosa aparentemente termina ahí, la gente retoma su camino y el tumulto se deshace, pero apenas unos segundos después se observa al Betito regresar al punto empuñando una pistola. Abre fuego una, dos veces, provocando la corredera. Empuña el arma con dos manos, voltea a su izquierda, corre hacia el estacionamiento y desaparece. Dos jóvenes y una mujer resultan heridos en las piernas. Nada grave. Al parecer el fin no era matar a nadie, sólo dar una especie de escarmiento, divertirse. Así es El Betito según quienes lo han conocido. Un tipo al que la violencia se le antoja recreativa.

No se sabe bien el origen de esa actitud, pero desde hace años los informantes policiacos, agentes de inteligencia y colaboradores capturados coinciden en que es un personaje que infunde un miedo poco común incluso para los estándares del hampa. No es hijo de ninguna leyenda del narco, no proviene de una familia ligada a algún cártel, tampoco de la política ni de alguna banda delincuencial que hiciera el papel de escuela o carta de presentación. Pese a haber trabajado para cabecillas del hurto y para El Abuelo, siempre lo hizo con cierta distancia, sin lealtades más allá de las estrictamente necesarias para sobrevivir. Desde adolescente fue conformando su propio grupo delictivo, forjando lazos duraderos. Sólo quienes estuvieron con él en la correccional para menores podrían adivinar cómo fue puliendo una imagen tan atemorizante que al mismo tiempo no le impidió tener sólidas amistades o, mejor dicho, complicidades.

116

En la película *A Bronx Tale* (1993) dirigida y protagonizada por Robert De Niro, se plantea que a los gángsters no se
les respeta, se les teme, que en eso reside la diferencia entre
un conductor de autobuses saludado y respetado por todos
en su barrio y el jefe mafioso al que los saludos y el respeto
le duran en tanto es temido. Es un misterio si la imagen del
Betito representa para sus cómplices más que sólo violencia
y terror. Podrían saberlo, quizá, El Mi Jefe o El Elvis, con
quienes creció entrando y saliendo del tutelar para menores. Probablemente lo sepa su hermano José, brazo derecho
desde la adolescencia, pero nadie más. Lo claro es que hasta
para otros cabecillas de la mafia, El Betito parecería alguien
con quien no conviene pelearse. Una anécdota representativa, hasta hoy inédita, llegó a oídos de agentes federales que
lo han investigado por largo tiempo. Cuando El Betito jalaba las riendas del cártel en solitario, marcó por teléfono a
Felipe de Jesús Pérez Luna, *El Ojos*, entonces el delincuente
más buscado por el gobierno chilango. Desde hacía casi una
década, El Ojos se había adueñado de la alcaldía Tláhuac,
al oriente de la capital, y todo apuntaba a que su grupo criminal seguiría creciendo exponencialmente; lo cual no pasó
inadvertido para el presidente Enrique Peña Nieto, el alcalde Miguel Ángel Mancera, la prensa ni el mundo de la mafia.
A principios del 2017, meses antes de que un equipo de élite
de marinos abatiera al Ojos, tuvo lugar la llamada. Supuestamente, El Betito le comunicó que La Unión iba a apoderarse de toda la Ciudad de México, que habría temporada

de sicariato y que respetaría sus territorios sólo si se alineaba con él. Aparentemente, El Ojos tenía más años dentro del hampa; había sido compinche de Héctor Peralta Vázquez, ligado con la famosa banda de secuestradores de Andrés Caletri, y de Marcos Tinoco Gancedo —*El Coronel*—, nada más y nada menos que pareja de Cinthya Mercedes Romero Verdugo, a su vez comadre de Joaquín *El Chapo* Guzmán, de acuerdo con el expediente PGR/UEDO/281/2002. Pero ni semejante currículum desanimó al Betito de llamarle para tal advertencia. Una persona que estuvo en la oficina del Ojos al momento de la llamada aseguró a agentes federales que el capo de Tláhuac rechazó una guerra contra La Unión, pero exigió que Iztapalapa, la alcaldía más poblada de la capital, pasara a manos de El Ojos. Con esto no estuvo de acuerdo El Betito, quien supuestamente firmó la guerra instantes antes de colgar. Los días posteriores fueron un manojo de nervios. Sicarios de La Unión recorrieron Tláhuac para preparar el ataque, utilizando a narcomenudistas rivales del Ojos para señalarles las casas de seguridad, narcotiendas y almacenes de armamento. El enfrentamiento nunca se dio porque El Ojos fue abatido y su hijo menor, Luis Felipe, *El Felipillo*, optó por pactar una tregua con La Unión tras quedar al frente del grupo criminal.

Es como si El Betito hubiera sido un desconocido nada más para las autoridades locales. Bueno, al menos oficialmente, porque la mayoría de los jefes policiacos sabían de él, no de unos cuantos meses sino de años, simplemente evadieron el problema. Aparentemente, los apodos de *Betito* y *El Chaparro* venían sonando desde hacía mucho, casi siempre con la etiqueta de matón por gusto y no por necesidad, el cual para rematar había conformado un escuadrón de gatilleros, un equipo orgánico de cómplices, es decir, que no lo seguían sólo porque les pagaba sino porque estaban con él desde abajo, desde las primeras fechorías, con todas las pruebas de lealtad que el tiempo pone. De esa cohesión proviene mucha de su fuerza letal y eso lo sabían los mafiosos. ¿Por qué el gobierno capitalino aparentemente no? Si es que hubo, ¿cuáles fueron los éxitos de su estrategia de minimizar al crimen organizado? ¿Pudieron evitar el crecimiento del Cártel de La Unión y así evitar masacres sin precedente, fuga de inversionistas, víctimas inocentes? Preguntas que hasta el día de hoy nadie se atreve a responder.

6

Unión versus Anti-Unión

En la fotografía se observa a un grupo de 20 hombres sin camisa posando dentro del río de Chalma, Estado de México. A este pueblo, de apenas mil 800 habitantes y asentado a 95 kilómetros de la capital mexicana, acostumbran venir miles de peregrinos para demostrar su fe al Señor de Chalma. La leyenda dice que, en la época de la Colonia, la imagen de Cristo apareció en una cueva, en tiempos donde religiosos agustinos evangelizaban la región. Historiadores exponen, por otro lado, que en esa cueva originalmente se veneraba a Oxtotéotl, dios de la cueva para los indígenas de Malinalco, cuya imagen y rituales fueron prohibidos por los españoles. En el lugar se construyó un templo que hoy atrae a miles de creyentes del catolicismo, algunos de los cuales llegan en peregrinaciones a pie desde otros estados. Un enorme y antiguo ahuehuete considerado místico se conjunta con un caudal que desciende desde las lagunas de Zempoala. En esas aguas se bañan los sonrientes individuos de la fotografía, que alzan los brazos o hacen señas con las manos para salir en la foto. Amor y paz. Pulgar arriba. La pura hermandad. El sol cala con fuerza a los del centro, mientras los que están en los extremos se refrescan bajo la sombra que regalan los altos y tupidos árboles del lugar.

Para los líderes de La Unión, éste parece ser un mediodía atípico, lejos de tierras chilangas, sin mayor pendiente que el de convivir y divertirse. Como habíamos comentado, la mayoría de los miembros del cártel no son adeptos a la Santa Muerte ni a Jesús Malverde, como pudiera esperarse, sino que son católicos y en marzo de 2017 decidieron acudir al santuario de Chalma con el propósito de pedir la bendición del Señor de Chalma. En la imagen aparecen Toñito —sobrino del Betito—, El Huguito —uno de los principales sicarios—, El Irving, El Pera —quien al parecer es un contador del cártel—, El Tiger —brazo derecho del Pistache, el cual se ausentó por estar detenido. Recordemos que arrastraba la acusación por el homicidio de Carlos Apaez en Polanco, de la cual fue absuelto contra todo pronóstico. Días después del convivio estaría de nuevo en las calles—. En la imagen desde luego están también El Betito, su hermano José, un DJ apodado Guerrero, El Elvis —segundo al mando—, El Manzanas, El Germán, El Pulga —su mano derecha—, Alexis —que posteriormente sería señalado como traidor—, El Jamón, dos de sus colaboradores, El Tomate, El Perejil, Israel, El Mi Jefe y El Uriel. Quien no estuviera en la foto no formaba parte del círculo íntimo del cártel, así de simple.

A partir de esta fecha se consolidó la estructura delictiva de La Unión, al tiempo que nuevos pactos iban cocinándose para dominar el mercado de drogas capitalino y parte del de los municipios mexiquenses de Nezahualcóyotl, Ecatepec y Naucalpan. El primer paso fue eliminar al Kikín, exsocio de La Barbie y del Tortas, el cual al parecer daba largas a los mandos de La Unión sobre alinearse. Ya se oía que operaba en centros nocturnos de la Condesa y que sumaba poder económico con el puñado de estacionamientos públicos que servían también de narcobodegas. El 24 de marzo fue secuestrado y su cadáver amaneció en la esquina de Matamoros y Peralvillo, en Tepito, muy cerca de la vecindad donde se crio. Un comando encabezado por El Pulga lo sacó de un restaurante de caldos en la colonia Santa María la Ribera, donde comía con su socio El Tiburón, jugador de futbol americano universitario convertido en narco y encargado del bar Dussel Condesa, arrebatado por la fuerza a su dueño original. El Tiburón fue rociado de plomo en el establecimiento. El Kikín fue torturado antes de perder la vida y ser envuelto en una sábana amarrada con cinta adhesiva.

A mediados de septiembre de ese año, se consumó el plan para hacer crecer La Unión. En la unidad habitacional El Rosario, en Azcapotzalco, al norte de la capital, tuvo lugar una narcojunta, probablemente la más concurrida de la que se tenga memoria. El anfitrión, de acuerdo con informes del Cisen, fue Pedro Ramírez, *El Jamón*, un cabecilla del hampa que convirtió a Azcapotzalco en su principal asiento. La cita era en uno de los amplios estacionamientos de la unidad, donde fueron desplegados vigilantes armados, protegidos de las miradas indiscretas gracias a la semipenumbra que cubría el lugar. Fue El Jamón quien mandó apagar parte del alumbrado no sólo de algunas áreas comunes de la unidad sino también el alumbrado público en calles adyacentes. Así, uno tras otro fueron llegando los representantes de los grupos delictivos invitados. Según la inteligencia federal, acudieron El Negro Aguas, de Iztapalapa, y Lenin Canchola, de Álvaro Obregón y afamado por tener lazos familiares con José Luis Sánchez Canchola, líder de una banda que secuestró a Rubén Omar Romano, exdirector técnico del Cruz Azul, en 2005. Estaban también Juan Baltazar, *El Balta* —cabecilla del narco en Iztacalco—, El Felipillo —hijo del Ojos, de Tláhuac—, El Lunares, de Tepito, y otros líderes criminales de Nezahualcóyotl y Ecatepec. La voz cantante la tenía El Betito, quien recientemente se había sometido a un procedimiento de bypass gástrico para bajar de peso. Lucía unos 15 kilos menos para sorpresa de algunos de los asistentes.

—Aquí se van a alinear, el negocio es la droga, así que no quiero mamadas. Pueden hacer todo menos secuestrar —declaró supuestamente el jefe de La Unión. El pacto consistía en conjuntar los principales distribuidores de droga con el cártel, que a cambio ofrecía compartir su red de protección y apoyar con pistoleros en caso de pugnas.

De aceptar, todos estarían bajo las órdenes del Betito, quien se llevaría una tajada de las ganancias por la venta de droga o le comprarían sólo a él la mercancía. De acuerdo con las pesquisas que hizo la Agencia de Investigación Criminal, en ese tiempo encabezadas por Omar García Harfuch, actual titular de la policía capitalina, El Betito consiguió un proveedor de cocaína colombiano, una mujer, la cual comenzó a abastecer al cártel con el fin de no depender de Rachid, cada vez más conservador en su volumen de importación. Asimismo, contaban con otro socio para otras sustancias, identificado nada más como El Güero Versace, aparentemente ligado con Ismael *El Mayo* Zambada. La Secretaría de Seguridad Pública, luego llamada de Seguridad Ciudadana, descubrió que El Lunares, antiguo subalterno de Pancho Cayagua, creció en el mundo del hampa y cosechó socios en la frontera norte mexicana, por lo cual se sospecha que empezó a traficar coca a los Estados Unidos, ruta que aparentemente es aprovechada por La Unión, su socio a partir de esta narcojunta del Rosario.

Hubo organizaciones delictivas que, naturalmente, fueron excluidas del pacto o decidieron no presentarse, en todo caso. Por ejemplo, Los Rodolfos de Xochimilco, El H y Los Perros de Coyoacán o Los Patines de Venustiano Carranza. Estos últimos eran acérrimos enemigos de Juan Balta y no estaban dispuestos a hacer acuerdos con él. Uno de sus líderes, Sergio Alcántara, *El Checo,* era compañero de parrandas de Betito, a quien se le vio en no pocas ocasiones con él en su bastión, la colonia Arenal, cercana al aeropuerto chilango. No obstante, su negativa a ir a la reunión lo convirtió en enemigo: un año después fue ultimado a tiros cuando levantaba pesas en un gimnasio de la alcaldía Benito Juárez, al sur de la ciudad, según consta en la carpeta FBJ/BJ-3/ UI-3S/D/2507/04-2018. El mismo destino corrieron su esposa, Reyna, y su cuñado, Ariel, cocidos a balazos el 26 de junio de 2018, a unos pasos de la sede de la alcaldía Venustiano Carranza. El doble homicidio sorprendió a la prensa y los capitalinos por haberse cometido tan cerca de donde despachaba el jefe delegacional, Israel Moreno Rivera, justo cuando las víctimas salían del Ministerio Público tras ver a un familiar detenido. Esa noche, peritos contabilizaron 27 casquillos percutidos. Indignó tal demostración de poder bélico en un área tan vigilada, con todas las cámaras de vigilancia y sin ningún sospechoso bajo custodia.

Otro que no acudió fue El Tortas, del clan de Garibaldi, quien desde casi una década atrás se había puesto del lado de La Barbie y en contra del Abuelo y La Unión, pleito que se fue desdibujando con la decadencia de La Unión Insurgentes. Él y Betito se conocían desde muchos años atrás; ambos eran oriundos de la misma colonia, la Guerrero, y por tanto no se habían entregado a una confrontación directa, pero eso estaba por cambiar pronto, cuando la delgada franja que los mantenía a raya se borró de golpe.

Todo comenzó con un lío amoroso. A saber, Guillermo Sabino Flores Conchas, hermano del Tortas, sostenía un romance con la pareja del Tomate, uno de los pistoleros de La Unión cercano a los mandos. Ni Guillermo estaba al tanto que la chica andaba con un rival ni éste sabía quién era el amante. En cuanto El Tomate ubicó al susodicho, externó su molestia a la cúpula del cártel.

—Pues *demándalo* —supuestamente sugirió El Betito, sin saber que la persona sentenciada era hermano del Tortas. La expresión *demandar* es sinónimo de matar en el caló del grupo criminal, así que Guillermo estaba marcado. Una tarde de diciembre de 2017, gatilleros acudieron a Los Machetes, restaurante de garnachas propiedad de la víctima, establecido en la calle Héroes de la colonia Guerrero y lo secuestraron. Ninguna autoridad supo porque no hubo denuncia. El gobierno federal en un principio creía que se trataba de una *vendetta* o que quizás obedecía a la negativa de Guillermo a pagar cuotas a La Unión por su negocio. A la postre se supo que fue un tema personal. Nadie sabe si la cúpula del cártel hubiese aprobado el asesinato sabiendo el lazo familiar de Guillermo.

Los días se le gastaron a la familia Flores en incertidumbre y zozobra, pero todo llega a saberse en el muchas veces pequeño mundo del hampa. De alguna manera, El Tortas se enteró finalmente de que La Unión se había llevado a su hermano mayor y marcó por teléfono a Betito, quien ya había sido informado por sus pistoleros de quién era en realidad el tipo enredado con la mujer del Tomate. La llamada fue breve: El Tortas se limitó a pedir la ubicación del cuerpo de su hermano para sepultarlo, pero a éste ya lo habían hecho pedacitos. Era un conflicto cuya mecha estaba por consumirse, así de fácil, así de rápido. Luego de colgar, ambos criminales ya habían firmado la guerra, una cuyo escenario sería la capital y que hasta ahora no ha acabado.

Días antes, el 11 de octubre de 2017, Pancho Cayagua fue ultimado a balazos mientras arrancaba su coche en el estacionamiento de una tienda comercial en Gustavo A. Madero, al norte de la ciudad. En automático se acomodó en la prensa la idea de que El Betito estaba detrás, pues el liderato de La Unión aparentemente estaba en juego. Las pesquisas parecían ir a esa dirección, pero a medida que pasó el tiempo la hipótesis perdió fuerza. De haber sido ordenado por Betito, el homicidio de uno de los fundadores del cártel, el temido Pancho Cayagua, aún disminuido, hubiera sido vengado por sus hermanos, sobrinos, colaboradores fieles, pero no fue así. Su hermano, El Ostión, desapareció del mapa, mientras que su familia política, los Camarillo, se mantuvieron al margen. Entonces ¿cuál había sido el motivo del asesinato de uno de los personajes del mundo delictivo más conocidos de los últimos años? Hay dos hipótesis en las áreas de inteligencia de la policía y la Procuraduría. Una apunta a que Pancho Cayagua cobró 30 millones a un comerciante pesado del Centro Histórico, producto de las cuotas que no le dio durante los meses que el primero estuvo encarcelado. El comerciante al parecer es Miguel, *El Cejas*, dueño de varios corredores comerciales con cientos de negocios formales e informales. Al supuestamente negarse, El Cejas y Pancho Cayagua se confrontaron. El poderío económico del primero le permitió madrugar al narco tepiteño y de esta forma eludir la millonaria deuda. Nada comprobado. Otra teoría señala al abogado de Pancho Cayagua, la última persona con la que habló y cuya llamada telefónica hizo salir al cabecilla criminal de su casa en Lindavista, acorde con el expediente FGAM/GAM-6/UI1S/D/1588/11-2017. Los investigadores se enteraron de los lucrativos negocios compartidos, la mayoría por predios tomados ilegalmente, es decir, presionando a sus dueños para venderlos por cantidades irrisorias y después rentar sus viviendas, construir en sus terrenos o revenderlos. Se sospechó que el abogado participó en el homicidio con algún cómplice, apoderándose de unos 10 predios. Sin embargo, tampoco se logró comprobar.

Mientras el ataúd de Pancho Cayagua era llevado a su tumba por un grupo de simpatizantes, en medio de vítores, corridos en su memoria y coronas de flores, el misterio de su muerte se cuchicheaba repetidamente. Su última morada es el Panteón de Dolores, al poniente de la capital, irónicamente donde se encuentra la Rotonda de los Hombres Ilustres, un mausoleo donde descansan los restos de grandes artistas, militares, políticos y científicos.

Con la muerte de Pancho Cayagua, un fragmento de la historia del cártel de La Unión quedó sepultado. Los fundadores originales no estaban más. El Abuelo permanecía en una prisión estadounidense. El Moco había regresado a la capital, pero al margen de las operaciones del grupo; se exilió en el Estado de México. Rachid, hijo del Abuelo, dejó la operación al Betito y, finalmente, El Miguelón se había esfumado desde hacía años.

Era la hora del lobo, nuevos aires arrastraban la basura y el polvo chilango, al pie de una carnicería humana iniciada, casi por error, por el hermano del Tortas. No tardó en aparecer la respuesta de ese crimen: el 25 de enero, ya del año 2018, fue hallado en un basurero de Tepito el cadáver del Oso, miembro de La Unión. En la parte trasera de su playera blanca fue escrito con plumón negro "Fuerza Anti-Unión", firma de los asesinos que significó no nada más el arranque de una nueva narcobatalla sino el nacimiento de un grupo delictuoso de oposición. Los días previos, El Tortas reclutó sicarios y maquinó una estrategia para enfrentar al Betito; se alió con algunos de sus enemigos, como Los Patines de Venustiano Carranza y El Maistrín de Álvaro Obregón.

El 20 de marzo de ese año, cuando estaba por comenzar un partido de futbol amateur en un deportivo de la céntrica colonia San Simón Tolnahuac, uno de los principales operadores del Tortas, Víctor Jesús Barajas Perdomo, fue atacado a balazos. Apenas se estaba uniformando cuando las luces de la cancha se apagaron de súbito. Un solitario pistolero subió un par de escalones hacia donde estaba Víctor y le disparó a quemarropa. Un jugador que se alistaba junto a él también murió.

En la declaración ministerial anexada a la carpeta FCH/CUH-1/UI-2S/D/00512/03-2018 se lee lo siguiente:

Refiere la denunciante, Araceli "N", concubina de Víctor Jesús Barajas Perdomo, que se dedican al comercio en un puesto ambulante de perfumes instalado en Plaza del Estudiante, colonia Morelos. Menciona que el día de los hechos llegó con su concubino a las 22:20 horas a la cancha de futbol pues su pareja iba a jugar como integrante del equipo Santo Domingo, por lo cual se estaba cambiando de ropa para ponerse el uniforme.

Era sin duda un crimen relevante. Víctor fungía como jefe de todos los movimientos ilegales en Plaza Garibaldi, feudo del Tortas y su familia. Hablamos de drogas, extorsiones y hasta puestos ambulantes y el control de los mariachis, la principal atracción de la zona, desde donde se aprecia la Torre Latinoamericana, ícono arquitectónico de la ciudad. El 6 de mayo llegó la vuelta, como dicen los mafiosos: Omar Sánchez Oropeza, *El Gaznate*, líder medio en cuanto a extorsiones y narcomenudeo para La Unión en el Centro, fue baleado a bordo de su BMW. Tras recibir los primeros tiros, el hombre de 37 años de edad aceleró su automóvil por la calle Belisario Domínguez, en el Centro Histórico, hasta un estacionamiento público de su propiedad, usado para guardar armas y estupefacientes. Apenas se adentró en el lugar, El Gaznate se desvaneció y el BMW chocó contra un muro. Todavía fue llevado con vida a un hospital, pero murió minutos más tarde.

Días antes, su apodo y el de otros miembros de La Unión fueron expuestos en una narcomanta colgada de un puente peatonal en la alcaldía Miguel Hidalgo. El mensaje contenía amenazas firmadas por el Cártel Jalisco Nueva Generación. Falso. Fueron secuaces del Tortas los que dejaron la manta con el propósito de desconcertar a sus contrarios. De a poco, el toma y daca estaba alcanzando a mandos de ambas mafias, y no pararía. Uno por uno siguieron apareciendo cuerpos torturados y con balazos en la nuca. Sus espaldas tenían la firma de La Anti-Unión. No hubo más remedio que admitir la crisis. Aunque para las fuerzas del orden no era sino un problema de percepción.

"Tenemos dos grupos delincuenciales que han creado la percepción ciudadana negativa, son los que han dejado cuerpos en las calles y tiroteos; son La Unión y El Tortas", declaró Raymundo Collins, entonces secretario de Seguridad Pública al finalizar una conferencia de prensa.

En realidad, no había muchos que compartieran esa idea. No se trataba sólo de una sociedad observando el discurrir chilango a través del espejo mediático, enfermo de gigantismo y ávido de sangre para elevar su audiencia. Estaba pasando algo similar a lo del mortífero 2013, con el caso Heaven como trágico colofón. No obstante, esta vez los capitalinos no se tragaban el cuento de dos pandillas arrojándose piedras y palos en las calles. La Unión ya llevaba años aterrorizando Ciudad de México. Crecía en lugar de recular hacia su cuna y zona de confort, Tepito o, a últimas fechas, la Guerrero. Contaba ya con "sucursales", de norte a sur y de igual modo en el Estado de México, nuevos aliados y un sanguinario líder que los había burlado a las autoridades varias veces. De este contaminado río bebían los capitalinos, unos más que otros, frente a un gobierno timorato cuya estrategia de negación sabía más a impotencia que a estrategia. Había jefes policiacos trabajando, sin duda, pero se les ataban las manos. Otros eran constantemente cuestionados, como Raúl Peralta Alvarado, titular de la policía de Investigación, a quien la Marina y Policía Federal tenían bajo la lupa, pues poseían indicios de que presuntamente estaba coludido con La Unión, según reportaron medios como *El Universal*.[5] Así lo indican también algunos informes, uno de los cuales se hizo público tiempo después por el reportero Arturo Ortiz Mayén, de Televisa. En palabras de Raúl Peralta:

> Yo jamás he sido citado y por lo que a mí respecta, te lo digo así, yo no tengo ni tuve vínculos con nadie, no hay ningún solo cabrón que me haya tenido en la bolsa, no tengo fotos incómodas, llamadas de ningún tipo y, pues reitero, en todas las notas periodísticas que han sacado fue con dedicatoria, ninguna tiene sustento jurídico. Ese informe (de la policía Federal) no es un informe, no tiene validez jurídica; curiosamente hablan ahí de mandos de Seguridad Pública, federales y locales, de todo mundo, pero solo ponen mi nombre, así que eso fue con dedicatoria. La mayoría de las detenciones que se hicieron (de La Unión) fueron con órdenes de aprehensión que salieron cuando yo estaba como jefe de la policía de Investigación.

[5] https://www.eluniversal.com.mx/metropoli/ligan-exjefe-policial-con-proteccion-la-union-tepito.

Es claro que tanto La Unión como La Anti-Unión, así como todos y cada uno de los cárteles mexicanos han recibido y reciben algún tipo de protección institucional; en el caso capitalino no se ha probado nada ante los tribunales. Al menos hasta la toma de posesión de Andrés Manuel López Obrador, los funcionarios supuestamente ligados a La Unión no fueron sujetos a una indagatoria formal, algo capaz de llevarlos ante un juez. Nada. Actualmente no hay ningún servidor público procesado penalmente por posibles colusiones con La Unión. En este escenario continuaron los homicidios. El 8 de junio de 2018 se perpetró el que probablemente conmocionó más al Betito y sus cómplices, de cuya rabia nacería otro, el más sangriento de los últimos años.

Si hay un tipo carismático, a pesar de su apariencia intimidante, es Juan Iván Arenas Reyes, *El Pulga*. Quien lo tuviera de frente no lo creería, con ese tatuaje de esqueleto que abarca desde su antebrazo derecho hasta los dedos de la mano. De tez morena oscura, barba tupida, cabello casi a rape y vestido de Gucci, así se aparece en los antros más exclusivos el muchacho criado en la colonia Atlampa, conocida por sus oscuras vecindades y altos índices delictivos. Tiene la piel llena de tatuajes, un pez koi, un San Judas Tadeo y su apodo en la espalda más los nombres de sus hijos y su esposa en el resto del cuerpo. Tiene 29 años de edad y casi toda una vida de malandro. Su historial criminal es un pergamino y no por delitos menores, sino por varios homicidios, incluyendo el de

Horacio Vite Ángel en 2013, detonante del secuestro masivo del Heaven dos días después. Posesión de armas de fuego, narcomenudeo, amenazas, lesiones por disparo de arma de fuego, todo un currículum y acusaciones que luego desaparecían, reflejo de lo mal que se investigan los delitos en México o de la corrupción que carcome a sus instituciones. Y ésos son únicamente los crímenes en los que se le implicó formalmente, sin contar muchos otros donde formalmente jamás apareció como probable responsable. Al ser el jefe de sicarios de La Unión y el encargado de consumar, por propia mano, los asesinatos ordenados por El Betito, este hombre es sin lugar a dudas el que más vidas carga sobre sus hombros. Aun así, El Pulga no se desenvuelve de una forma sombría ni violenta con sus cómplices. Tampoco con las amistades que ha trabado en las discotecas e incluso en el mundo del espectáculo. Se deja fotografiar con las participantes del *reality show Acapulco Shore*, como Gaby Ruiz, su novia, o Manelyk González, novia del Pistache, con DJs y prominentes juniors con los que no para de reír, brindar y abrazarse. Algo parecido ocurre en los restaurantes donde departe, en los mismos barrios donde anda sin ocultarse, donde muchos lo conocen desde niño y lo saludan sin mayor rollo. Lo suyo es la carrilla y el desenfado. Quienes convivieron con él afirman que no echa por delante su actitud de gángster para impresionar. Un personaje al que le atribuyen más amigos, si ello cabe en la vida mafiosa, que enemigos. Complicado de creer si se sabe lo que todos los días carga en la cajuela de su camioneta: armamento, machetes, seguetas, cuerdas, clavos y hasta hachas.

El 8 de junio de 2018, en plena guerra con La Anti-Unión, El Pulga se niega a cambiar su rutina y a reforzar sus protocolos de seguridad. Acompañado solamente por su chofer, José Guadalupe, y su más cercano colaborador, El Alexis, enfila a la casa de su madre, ubicada en una unidad habitacional de avenida Flores Magón, como lo especifica el expediente FCH/CUH-1/UI-1S/D/01032/06-2018. Para adentrarse en el estacionamiento de la unidad hay que cruzar un portón eléctrico, por lo que la camioneta Amarok negra en la que van los tres se detiene frente al acceso. Son las 23:30 horas y como dos ojos rojos los faros de la troca alumbran la penumbra. El Pulga aguarda en el asiento del copiloto. Trae una chamarra negra, playera blanca, pantalón de mezclilla y una cangurera Gucci. Su chofer tiene el pie en el freno, pero no apenas se activa el mecanismo del portón cuando una ráfaga de balas rompe la noche. El estruendo es como un relámpago al que le siguen varios más. El chofer pone la camioneta en *parking* y abre su puerta para huir, pero el madruguete está consumado. Muere ahí mismo. Cerca de su respaldo está una chamarra con las siglas de la policía local. A su lado, El Pulga no tiene ni un segundo para moverse. Su brazo izquierdo queda enredado en el cable blanco de su teléfono que cargaba batería. Su vida se extingue inmediatamente. Alexis sí alcanza a descender de la troca y, pese a recibir un balazo en la pierna izquierda, queda con vida. En automático, el joven de 26 años de edad se vuelve sospechoso de entregar a su patrón.

Tendría que haberse convertido en un fantasma, pero no lo logra. En marzo de 2019, tras salir bajo fianza del Reclusorio Sur, es baleado junto con sus papás, pero nuevamente sobrevive. Más vidas que un gato, dicen. Pero con una sentencia de la mafia en la frente, siete vidas se antojan insuficientes.

El asesinato del Pulga enfureció a Betito, pues era uno de sus hombres de más confianza. Su niño, según el léxico mafioso. Hay una hipótesis de por qué El Alexis lo traicionó. Miembros del cártel han contado a los policías que los esposaron que el muchacho Alexis tenía una novia llamada Karina Itzel Morales Baltazar, de 27 años de edad. Como en la mayoría de las relaciones con mafiosos, Karina se volvió víctima de ellos. Aunque no estuviera de humor o tuviera mejores planes, era forzada a salir con ellos, consumir estupefacientes y prácticamente estar bajo sus designios. Alexis no siempre había sido miembro de La Unión. Él trabajaba para un traficante apodado El Güero Versace, socio del Betito, por lo que paulatinamente comenzó a convivir con él y su grupo. El Güero Versace era un hombre mayor que no frecuentaba las discotecas y por tanto fue ausentándose cada vez más. En su lugar iba Alexis, quien se pegó al Pulga. Como Alexis presuntamente conseguía tarjetas clonadas, solía invitar a su nuevo amigo a Ibiza, España o a Venecia, además de regalarle ropa y pagar sus cuentas. Fue así como se ganó la confianza del Pulga y por ende ganó cierta simpatía ante los demás. "No le des mucho vuelo a ese güey, no es de la banda", solía aconsejarle Betito, pero el carácter sociable y confiado de su jefe de sicarios no sirvió ante el lisonjeo de Alexis. Parecían inseparables hasta que Pulga, supuestamente, cortejó a Karina. Se ignora si para esos momentos todavía mantenía una relación sentimental con Alexis, pero algunos aseguran que no, la cosa era legal incluso para los estándares mafiosos. Algo había en Karina, una joven carismática y solidaria con sus amigas, que sembró un fuerte sentimiento en El Alexis, quien en algún momento decidió alejarse de La Unión para regresar a sus propias andadas, no sin antes vengarse del que lo había acogido, de su aparente amigo. Los propios policías que llegaron a la escena del crimen decían, extrañados, que Alexis no podía haber sobrevivido a esa descarga de balazos. Un arma de repetición tan poderosa, ese número de detonaciones… Alexis estuvo convaleciente en un hospital, de donde terminaría escapando, según publicó *Milenio*.[6] A fin de cuentas, era el único sobreviviente y testigo de los hechos. Como detallamos en líneas anteriores, Alexis sobrevivió a un atentado posterior al homicidio de su examigo.

Quien no aparece hasta ahora es Karina. El 19 de diciembre de 2018 fue secuestrada en Tlalnepantla, Estado de México, y nada se sabe desde entonces, sólo esta historia revelada aquí, que para algunos integrantes del cártel luce como una venganza obvia, resultado de puras sospechas, pero que para su familia no es sino un acto de cobardía y misoginia que las

[6] https://www.milenio.com/policia/union-tepito-quien-es-el-alexis.

autoridades no han ayudado a esclarecer.

El asesinato del Pulga enardeció a la cúpula de La Unión y la *vendetta* se preparaba tras bambalinas. Aparte de ser su brazo ejecutor, Pulga había seguido a Betito desde la adolescencia; además, fue él quien reclutó al Hormiga, antiguo subalterno de Pancho Cayagua, así como otros delincuentes huérfanos que no dudaron en ponerse a sus órdenes. En el ambiente criminal se contaban las no pocas ocasiones en que le salvó las espaldas al Betito, cuyo plan de revancha se puso en marcha en un abrir y cerrar de ojos. Nueve días después aparecerán dos cuerpos desmembrados en Insurgentes, la segunda avenida chilanga más importante. Los restos estaban desperdigados en los tres carriles de la vía. La incipiente luz del día ya los iluminaba, mientras uno tras otro, los vehículos que circulaban por allí, los machacaban con las llantas. Un despertar dantesco para los capitalinos. La pesadilla del narco materializada en un punto céntrico, próximo a Tlatelolco, zona histórica desde los tiempos de Tenochtitlán, siempre de luto por la masacre de cientos de estudiantes en 1968 y el derrumbe de sus edificios durante el temblor de 1985. Si el hecho en sí dejaba un hondo sentimiento de desamparo, la historia detrás, en este libro revelada por primera vez, quizá sea más devastadora.

Alfonso es un hombre que difícilmente pasa inadvertido. Mide casi 1.85, es robusto, dotado de una voz estentórea y unas maneras toscas que lo asemejan a un leñador o un luchador. Luego de casi dos años en prisión por conducir un auto robado, en 2011 vuelve a paladear la libertad; sin embargo, se estrella con una ciudad muy reacia a emplear exconvictos. Alfonso intenta rehacer su vida, pero en junio de 2018 está instalado totalmente en la dinámica del narcomenudeo. Era vecino de la colonia La Malinche, alcaldía Magdalena Contreras, al extremo sur de la capital, pero en sus documentos se establece que vive en Olivar de los Padres, una colonia de clase baja en la Álvaro Obregón. La noche del 17 de junio de 2018 cruza la puerta de una discoteca en la Condesa, que había estado frecuentando los últimos dos meses. Ya lo conocen el cadenero, algunos meseros y hasta el gerente. Es fácil ubicarlo por su andar pesado y su gruesa anatomía que se distingue incluso a través la oscuridad del antro. Quince años atrás tenía el cabello largo, pero ahora le escasea en la cabeza y crece nomás arriba de los labios y en la barbilla. El tiempo se le va entre apretones de manos, un Red Bull y la venta de tachas. La movida va bien, en su bolsillo se abultan billetes de 100 y de 200, pero la noche es larga. Un empleado del lugar lo intercepta cuando Alfonso se echa agua en las manos dentro del baño. Le informa que hay un chavo que le quiere comprar unos ácidos, LSD, y que lo espera en el VIP. Con la parsimonia tan propia de él, Alfonso termina de secarse y responde afirmativamente con la cabeza. Pasaron algunos minutos hasta que se le ve dirigirse al VIP. Posiblemente le sorprendió descubrir que lo esperaba un muchacho delgado cuyo rostro era imposible de apreciar, pues apenas una luz neón lo bañaba.

—¿Qué hay, carnal, qué se le ofrece? —preguntó Alfonso.

—Tachas. ¿De cuáles traes? —le contestó el cliente, al cual apenas una media hora antes lo miraron rodeado de voluptuosas muchachas, bebiendo champán y bailando al ritmo del *house*. Pero ahora está solo, en busca de metanfetaminas. Al menos eso último es lo que Alfonso cree, porque de pronto siente a alguien detrás suyo. Apenas voltea y le ponen una pistola en la frente.

—Ya valiste verga —oye decir a una de las sombras. Son dos guardias de seguridad y otros dos hombres los que sacan a Alfonso del antro. Lo hacen caminar hasta donde está una camioneta en marcha. No opone resistencia alguna. Nadie parece darse cuenta de lo que está sucediendo. Adentro del vehículo reconoce al chavo al que le intentó vender droga, ha visto su fotografía en algunos medios: es El Pistache de La Unión. Jamás se sabrá si Alfonso se metía a los bares de la Roma o Condesa a sabiendas del riesgo que implicaba, pero esa noche se la jugó sin saber quién estaba en el lugar. Era ya de madrugada cuando lo meten a una vivienda sin muebles. Hay una decena de hombres armados de pie, alrededor de un esquelético joven hincado, semidesnudo y maniatado. Alcanza a ver que tiene un tatuaje de Bugs Bunny y otro de una máscara antigás con dos metralletas a los lados. Sangra copiosamente, está por desmayarse. El sitio es muy asfixiante, pues es muy pequeño para tantos hombres sudorosos y excitados. A Alfonso también lo hincan, ya tiene las manos atadas hacia la espalda. Un individuo de baja estatura, calvo y delgado se le acerca.

—¿Sabes quién soy? —le cuestiona con las manos en las bolsas del pantalón.

—La Unión —atina Alfonso, quien pese a todo mantiene una extraña serenidad. La luz lechosa escapa de un foco que, como péndulo, oscila de un cable incrustado en el techo. El Betito saca una mano del bolsillo, voltea hacia Pistache y casi en torno de burla le pregunta quién es ese enorme y calvo secuestrado. Le detallan lo sucedido, hace una mueca de indiferencia y se dirige hacia la otra víctima, una con muchos menos años, lampiño y casi a rape.

—¡¿Dónde está tu patrón?! ¡¿Dónde vive?! —le grita un pistolero sin dejar de atenazarlo por el cuello. El muchacho balbucea que El Tortas podría estar habitando un departamento en Xochimilco. La golpiza no es suficiente para dejarlo inconsciente y el del tatuaje de Bugs Bunny por fin confiesa una dirección exacta. La saliva le escurre de la boca, lo mismo que la sangre; pide clemencia allí, acorralado. El puño del destino se va cerrando sobre él, mientras Betito ordena que un equipo de matones vaya inmediatamente al domicilio de El Tortas, quien mandó matar al Pulga días atrás. Esa dirección fue lo último que salió de la boca del joven escuálido, integrante de Fuerza Anti-Unión, identificado como José Francisco. Un sicario le cercena la cabeza primero y las extremidades después. Hace dos días festejó su cumpleaños 19 con una fiesta en la colonia Pensador Mexicano, al oriente de la ciudad, apenas unas horas antes de ser secuestrado.

Ahora sus restos yacen en el piso. Nadie usa guantes ni hay bolsas de plástico. Todo está manchado de rojo, salpicado, embarrado. Con la sangre del de los tatuajes esparciéndose hasta alcanzar sus rodillas, Alfonso vuelve a escena. Intuye su destino porque empieza a orar en un idioma que nadie comprende. Lo interrumpe El Betito para anunciarle que lo va a matar con sus propias manos.

—Si lo va a hacer, hágalo ya —contesta Alfonso y vuelve a sus rezos al tiempo que dirige sus ojos hacia el techo. Entre varios lo inmovilizan. Sus oraciones se cortan justo cuando el cuchillo ataca su garganta. Inmediatamente se le extravían los ojos y la fuerza del cuerpo lo abandona corte tras corte. Minutos después, los homicidas lo desmiembran. El Betito toma la cabeza del otro cuerpo, se sienta en una silla y la pone sobre su regazo. Alguien le alcanza un bisturí y con eso le va quitando la piel al rostro. Algunos observan, otros hacen como que miran, pues la imagen rebasa lo grotesco. El líder de La Unión hace comentarios cargados de burla. Algunos ríen tímidamente, otros apenas dibujan una sonrisa a la mitad. Así se extingue media hora, entre cuatro paredes calientes y el olor a sangre fresca. Cuando separa la piel del hueso, Betito se incorpora y la coloca sobre su rostro como si fuese una máscara. La mantiene en el lugar con las dos manos para dirigirse hacia los que tiene más cerca.

—¡Mírenme, soy este güey! —exclama, mientras hace un breve bailecito. Brotan breves carcajadas, seguidas de gruñidos e insultos al Tortas. El rostro desollado de José Francisco lo agarran otros; lo pasan, lo palpan. Todo es una secuencia infernal en la que participan todos como en un aquelarre. Uno toma un brazo, otro una pierna. Se contagia el desquicio y alguien pone música en su teléfono celular. Unos fuman tabaco, otros, mariguana. Se fuman al muerto, como dicen los sicarios. De esta manera los de La Unión rinden culto a la muerte.

Sin embargo, Alfonso no era *dealer* de La Anti-Unión. Eso lo han corroborado los detectives que todavía indagan el caso. Lo saben ellos al igual que sus verdugos. Más tarde, a punto de despuntar el alba, se da la orden de arrojar los cuerpos en pleno Insurgentes. El lugar debía ser muy cerca de donde El Pulga fue acribillado para así enviar un mensaje. Se manda colgar también una manta desde un puente vehicular. "Qué cártel de Jalisco Nueva Generación ni qué la verga, ya vamos por ti y por todos los mugrosos que reclutaste para tu Anti-Unión. Que empiece el desmadre, perra Tortas", esto último se lee en letras rojas. Desde el puente son lanzadas las partes humanas, las cuales quedan regadas en ambos carriles de la vía. Son las 5:22 horas y cámaras del gobierno captan a un par de individuos, protegidos aún por la penumbra, trepar a un Mercedez Benz que se aleja a todo motor hacia los laberintos de concreto. De vuelta al lugar donde se llevó a cabo la carnicería, integrantes de La Unión comen y beben mientras el sol se eriza lentamente por encima de los edificios.

Esa ocasión, los gatilleros del cártel no encontraron al Tortas en ninguna de las viviendas reveladas por su empleado descuartizado. Sin embargo, era temporada de cacería. Todos eran presas y depredadores al mismo tiempo. En las colonias desde donde operaban ambos bandos se instaló un toque de queda. Después de las 20:00 horas poca gente caminaba por la Guerrero, la Morelos, Santa María la Ribera, Atlampa, 20 de Noviembre y Peralvillo. "Le quitaron la correa al Diablo", se rumoraba. La pedacería humana que quedó en Insurgentes, bajo el puente de Nonoalco, era una imagen rodante en televisión y redes sociales, una y otra vez, pero el jefe de Gobierno, Miguel Ángel Mancera, había dejado encargado el despacho a José Ramón Amieva, pues estaba más concentrado en su campaña presidencial, ambición que le sembraron desde hace mucho tiempo pero que no se materializaría. En una entrevista con *El Financiero/Bloomberg* que aún se puede ver en YouTube, José Ramón Amieva presumía:

Esto es una especie de respuesta por el asesinato de una persona importante dentro del esquema de narcomenudeo de la ciudad y, bueno, seguimos con la investigación. En algunos casos, la mayoría, hemos podido detener a los que han participado en estos actos.

Nada más lejos de la realidad. Las estructuras criminales de ambas organizaciones estaban prácticamente intactas

145

y eso quedaría expuesto tres meses después. Cada nueva tragedia empujaba a la ciudadanía a una extraña sensación de costumbre, como si la mancha del narcotráfico fuera indeleble, incluso para el corazón del país. Sin recuperarse de este lúgubre capítulo, la ciudad se alistaba para los festejos patrios de septiembre. México celebra su Independencia el día 15 de ese mes, pero 24 horas antes volvió a ser testigo impotente de otro pandemónium.

—¡La cucaracha, la cucaracha, ya no puede caminar! —canta un anciano regordete frente a una nutrida concurrencia que come pozole y empina el codo con pulque dentro de una de las cincuenta y tantas cantinas de Plaza Garibaldi. Todo está engalanado con motivos patrios. Banderas mexicanas ondean levemente desde el puestecito donde se ofrecen por 20 o hasta 100 pesos. Es la noche del 14 de septiembre de 2018 bajo el cielo plomizo de la capital. Por la plaza, la más tradicional del país para oír mariachis, se ven todavía niños que truenan cohetes o echan carreritas. Pululan turistas en pantaloncillos cortos, sonrojados por el mezcal, ávidos de fotografiarse con las adelitas o los charros, la mayoría trabajadores de restaurantes típicos. Hay muchísima gente, y por el Eje Central los automóviles se encajan en el embotellamiento. Un carril es prácticamente utilizado para que los mariachis aborden a los automovilistas en busca de ser contratados. Todo es verde, blanco y rojo, incluso el alumbrado que dispuso el gobierno, que tiñe los maltrechos muros de los edificios, a cuyos pies se encuentran decenas de comercios.

No muy lejos de allí se cocina un ataque. Seis sicarios de La Unión, liderados por El Huguito y El Tomate, se enfundan en trajes de mariachi. Llevan pistolas y rifles de asalto AR-15 dentro de estuches para guitarra. Afuera de una casa de seguridad los esperan tres choferes que afinan los motores de sus motos. Un soplón les informó que en la plaza está El Tortas, a quien desean matar para vengar al Pulga. Desde hace unos meses, las serenatas y comilonas en Garibaldi son vigiladas por "halcones" de La Anti-Unión: quien fuera el encargado de las actividades delictivas en la zona, Jesús Barajas Perdomo, *El Chucho*, fue asesinado por La Unión y ahora el nerviosismo de su gente se contagia hasta con el puro saludo. Misteriosamente, esta noche la presencia policial es escasa. Falta a sus deberes un grupo de agentes de investigación encargados de montar un operativo permanente en las inmediaciones de la plaza. Unos alegan incapacidad médica, otros están de licencia vacacional. Las piezas de ajedrez han sido desplegadas, pero eso no lo sabe nadie en Garibadi.

Es viernes, un día antes del ¡Viva México! chilango. Como avispones humeantes, enfilan tres motocicletas hacia el punto donde El Tortas parece estar, una cervecería llamada Los Chuchos, en póstumo honor a Jesús Barajas Perdomo. La clientela es atendida bajo carpas donde están dispuestas mesas y sillas de plástico. A unos metros descansa la estatua de bronce de Javier Solís, difunto cantante ranchero, muy querido y recordado en México. Allí están ya tres de los seis los falsos mariachis. Son las 21:38 horas. Los otros tres caminan hacia otro punto para bloquear una posible vía de huida del Tortas. La cervecería es regentada por Araceli, viuda de Chucho. Sus ojos tropiezan con el de un mariachi, pero lo que desenfunda a unos pasos de ella no es una guitarra sino un arma larga. Nadie alcanza a moverse cuando estallan los balazos. Lo que unos segundos antes era pachanga y canciones y cerveza helada ahora es un brotar de sangre. Los muros reciben los disparos en seguidilla, con lo que se hace una polvareda. Las mesas vuelcan, los vasos explotan, los cuerpos se cimbran al ser perforados por las balas. En las cantinas todo mundo se avienta debajo de las mesas. Afuera todos corren con las manos en la cabeza, y el estruendo es tan poderoso que sigue retumbando sin importar cuánto se alejen. Diez o 15 ráfagas después, los mariachis escapan por un callejón, donde ya los esperan los motociclistas. Atrás dejan seis muertos y cinco heridos. Una de las víctimas es Araceli, viuda de Jesús Barajas Perdomo, y su hermana Cristina, de 27 y 23 años de edad, respectivamente. Resulta extraño cómo varios mariachis engendran esa noche el caos. Más extraño cómo trepan en motocicletas a las 21:39 horas, con los estuches en la espalda y se pierden a los pocos minutos en la calle Soto, colonia Guerrero, a unas cuantas calles de distancia apenas. De acuerdo con videos de cámaras policiales, pasan poco menos de cuatro minutos desde que arribaron a la plaza hasta salir del radar, una eternidad para los que agonizaban en el suelo, igual para la aterrada clientela de los comercios.

El Tortas aparentemente elude a sus cazadores. No se sabe cómo, por dónde; se desconoce por qué no avisa a sus conocidos en la cervecería Los Chuchos, quienes son sorprendidos. Él huye, pero el mensaje llega a través de la muerte, del miedo que paraliza Garibaldi los días posteriores. El mariachi tuvo que callar en plenos festejos patrios.

Quien no calló fue El Tortas. La anécdota la saben muy pocas personas: seis días después de la masacre de Garibaldi, El Tortas firmó una carta que envió por medio de sus abogados al diario *El Universal*, uno de los más grandes y antiguos del país. Buscaba obtener una réplica a la serie de notas que publicó el reportero David Fuentes (coautor de *Narco CDMX*) y que exponían su carrera delictiva. A lo largo del documento, dirigido a Juan Francisco Ealy Lanz Duret, director del periódico, se alegaba que nada de lo publicado era cierto. Según los abogados del Tortas, se había atentado contra los derechos humanos de su cliente pues ninguna autoridad lo había requerido ni por lo ocurrido en Garibaldi ni por otro acontecimiento. La realidad es que su nombre sonaba desde 2015, cuando fue encarcelado y desde el Reclusorio Oriente orquestó la lucha contra El Duke. Su apodo era una constante en los mensajes dejados junto a cadáveres, tal y como sucedió con la manta que colgaba de un puente desde donde fueron arrojados los despojos humanos de dos hombres.

La difusión de la nota donde relacionan mi fecha de nacimiento y escriben hechos o situaciones inexactas e imprecisas que aluden a mi persona y a otras, manifestando en tal artículo historias que no son veraces ni se apegan a la realidad. […] Datos que causan perjuicio al suscrito, ya que la divulgación de éstos es falsa y vulnera mi dignidad, mis derechos humanos y mis garantías de protección de datos personales. […] Es por ello que confirma La Redacción y Dirección de este periódico, en el último párrafo que cita "como parte de las investigaciones", cuando no he sido requerido por ninguna autoridad. […] Al transgiversar [*sic*] la información se genera daño a mi persona, causando inseguridad a mi familia y a mis defensores, por lo que dichas referencias no sólo son inexactas sino totalmente falsas y la exhibición de mi nombre por parte de este medio y su reportero propician que se atente jurídicamente y con mi vida.

La carta no fue publicada y, en mayo de 2019, El Tortas fue arrestado por agentes federales. Desde entonces permanece en el Reclusorio Norte, imputado por delitos contra la salud. La residencia donde se escondía, en un fraccionamiento exclusivo de la alcaldía Tlalpan, fue sitiada por personal de la Agencia de Investigación Criminal. Ahí encontraron droga, varios clósets llenos de objetos de santería cubana, así como armamento y documentos relacionados con La Anti-Unión. El Tortas estaba con su familia, la cual fue dejada en libertad. Lucía muy atlético, pero más sombrío que aquella vez, en 2015, cuando fue detenido por patrulleros. La residencia de fachada roja tenía dos pisos y un extenso jardín de casi

300 metros cuadrados, donde holgazaneaban dos imponentes canes de la raza dogo de Burdeos. Contaba con gimnasio, acabados de caoba, amplios ventanales y salón de juegos. Era la casona más al fondo del fraccionamiento; frente a ésta se levantaba otra vivienda cuyos inquilinos jamás veían al Tortas, quien aparentemente no salía para nada. De su esposa solamente comentaban que era retraída pero amable. Intercambiaban el saludo cuando ella volvía del supermercado o daba de comer a sus perros. En octubre de 2019 su concuño, José Miguel Rodríguez Muñoz, *El Cabezas*, fue capturado en Xochimilco, lo mismo que las dos hijas jóvenes del Tortas, finalmente liberadas por no estar relacionadas con ningún ilícito. Su hermano, José Luis, como se ha mencionado, sigue en prisión, mientras su hermano menor, Uriel, goza de libertad, de acuerdo con el informe "La Anti-Unión de Tepito", elaborado por el Cisen.

No está de más resaltar que la batalla Unión versus Anti-Unión no era la única que libraba el cártel chilango. Sólo fue, y sigue siendo, la más duradera. A principios de ese brutal 2018, El Pistache intentó adueñarse de las colonias Doctores y Buenos Aires, caracterizadas por su comercio de autopartes, muchas veces ilegal, su proximidad con el Hospital General y la Fiscalía y sus viejas vecindades donde prolifera el narcomenudeo. Un hombre apodado El Chiquinarco rifaba en la zona y desafió a La Unión cuando le exigieron asociarse. Fue entonces cuando El Manzanas y sus pistoleros, Irving y Huguito, intervinieron con el único fin de sacar al

Chiquinarco de la jugada.

La noche del 14 de abril Chiquinarco y El Huguito se toparon en el antro Dembow, en la Condesa. Allí departía con Huguito y otros más un adolescente de 16 años de edad, Martín Montalvo Suasteguí, *El Moguita*, hábil conductor de las motos en las que escapaban los sicarios del cártel, pero probablemente confió en que la situación no escalaría porque decidió salir a responder una llamada telefónica. (Por cierto, el Dembow fue abierto en el mismo inmueble que en 2013 era el bar Black, de donde sacaron al Oaxaco para dispararle en una jardinera.) Abordó un Audi A1 para contestarle a su novia, molesta porque salió de rumba sin avisarle, pero la conversación se cortó de tajo: secuaces del Chiquinarco lo mataron a balazos, se asienta en la carpeta FCH/CUH-2/UI-2C/D/2539/04-2018.

Su velorio estuvo lleno de coronas de flores en forma de motos y cascos, con la presencia del mismísimo Betito. Los días siguientes pusieron de cabeza a las colonias Doctores y Buenos Aires, pues rondaba la muerte encarnada en la figura del Pulga y sus cuadrillas de pistoleros que patrullaban sin ser molestados por la policía. Así pasaron 10 días en los que la zozobra se desayunaba, se compartía en voz baja o se trataba de disfrazar tras la imagen de barrios duros. No obstante, el 28 de abril fue secuestrado Hubert Isaac Muñoz Juárez, de 39 años de edad, padre de un niño pequeño. Este caso fue el colofón de las pugnas por el territorio, con las que Isaac no tenía nada que ver. De acuerdo con el expediente FCH/

CUH-8/UI-2D/D/001513/05-2018, esa noche había salido de la casa de su padre, en la cual estaba haciendo talacha desde semanas atrás, pero en el camino a su coche se encontró con unos supuestos amigos con los cuales se quedó a platicar. A las 22:30 horas se despidió y abordó su Chevy, de donde lo sacaron a punta de pistola. Se trataba de presuntos miembros de La Unión disfrazados de policías federales. Éstos lo subieron a un Jetta que salió del lugar a toda marcha. Isaac tenía carrera trunca en Administración de Empresas y se dedicaba a la compra-venta de automóviles. Vivía al sur de la ciudad con su esposa e hijo y no había recibido nunca amenazas de nadie ni había estado en prisión. Su esposa recibió una llamada desde su teléfono, en la que un sujeto le exigía 300 mil pesos a cambio de liberar a Isaac. La familia denunció ante la Procuraduría General de la República, cuyos negociadores estuvieron día y noche con la esposa de Isaac. De acuerdo con la indagatoria FED/SEIDO/UEID-MS-CDMX/386/2018, las pretensiones de los plagiarios bajaron y se pactó entregar el dinero más un coche, pero tenía que ser la propia esposa quien los entregara. Luego del tenso estira y afloja, la familia rechazó exponer a la joven, cosa que molestó a los criminales. La última comunicación tuvo lugar el 31 de abril, a las 22:00 horas. La mañana siguiente, el cuerpo de Isaac fue encontrado en calles de la colonia Doctores, con un mensaje firmado por La Unión escrito en el torso desnudo. ¿Por qué los secuestradores insistieron tanto en que la esposa de Isaac entregara el dinero? Es más, ¿por qué privar de la libertad a un hombre que no tiene los recursos para pagar una liberación? El trabajo que realizó la Procuraduría, basado en intervenciones telefónicas, concluyó que El Pulga estuvo detrás de todo, pero apenas un mes después fue acribillado por La Anti-Unión. El negociador fue arrestado el 29 de diciembre de 2019, vinculado a proceso por este secuestro y otros más. Empero, nada de eso reconforta a los seres queridos de Isaac, quien de niño superó un defecto en el intestino y de adulto superó un fuerte alcoholismo. Para cuando fue secuestrado llevaba seis meses sobrio, volcado al ejercicio inculcado por su esposa, instructora en un gimnasio. A dos años del crimen, sus familiares siguen preguntándose por qué.

7

De *narcofresas* a feminicidas

Un curioso fenómeno se ha instalado en el imaginario del narco en México, el de los narcofresas. El estereotipo de un traficante solía ser, hasta cierto punto, difícil de ocultar: sombrero de ala ancha, cinturón piteado, botas, el cuello, muñecas y dedos enjoyados, y hasta el tupido bigote completaba el cliché. Así los pintaban las películas, los corridos y hasta caricaturistas de los diarios. Sólo hace falta escuchar "Mi último contrabando" del fallecido intérprete norteño Beto Quintanilla para darse una idea: "Mi buena tejana, botas de avestruz y mi cinturón piteado, un buen alipús y chaleco de venado, para que San Pedro le diga a San Juan, ahí viene un toro pesado".

En la última década, sin embargo, las nuevas generaciones del narco se fueron desenredando de esa representación acartonada. Uno de los primeros en proyectar una imagen distinta fue Édgar Valdez Villarreal, *La Barbie*. Nacido en Texas, alto, rubio, exjugador de futbol americano en la United High School de Laredo y apariencia gallarda, cambió las camisas bordadas y las botas por playeras tipo polo Ralph Lauren y tenis Louis Vuitton. Inclusive, cuando fue presentado ante los medios de comunicación en el hangar de la policía Federal, en 2010, lucía una polo verde que se puso muy de moda. Su amigo y colaborador, José Jorge Balderas Garza, *El JJ*, acusado de balear al exdelantero paraguayo del América Salvador Cabañas llevaba una de la misma marca, pero azul, cuando fue arrestado. Como sus andanzas fueron altamente mediáticas, su forma de vestir los hizo figuras, por decirlo así, de la nueva narcomoda. Posteriormente supimos de los hijos de Ismael *El Mayo* Zambada y los de Joaquín *El Chapo* Guzmán, igualmente ajenos a la imagen de sus antecesores. Solía decirse que Ciudad de México era para los narcos un vasto camuflaje, donde pasarían inadvertidos si vestían más como La Barbie y menos como José Eduardo Costilla Sánchez, *El Coss*, patrón del Cártel del Golfo, de bigote y sombrero. Muchos capos fueron capturados en la capital mexicana bajo estas nuevas condiciones, las cuales pudieran parecer superfluas, pero en el fondo no eran sino herramientas, a veces útiles, para mantener el anonimato. Esto permeó hacia las mafias locales y, por supuesto, a una facción del único cártel chilango, La Unión. Aquí no había sombrerudos bajándose de trocas polvorientas con un palillo entre los labios, pero sí había el propio cliché del delincuente capitalino: gorra, tenis Jordan, mariconeras y playeras deportivas. Este estereotipo descendía de motonetas y oía reguetón,

no así los miembros de una célula del cártel que controlaba, literalmente, la vida nocturna de la ciudad, la de Naucalpan, Atizapán y Tlalnepantla, en el Estado de México. Esta
facción era liderada por El Pistache, quien vestía de Gucci,
Louis Vuitton, Supreme y Dolce Gabbana, lo mismo que su
brazo derecho, Tiger, el cual estaba obsesionado con todas
las prendas Gucci que tuvieran un tigre estampado o bordado. Otros cabecillas de la célula como Víctor Vázquez Alor,
Eduardo Clemente Zaleta —*El Bandido*—, Jorge Noriega
—*El Mitzuru*—, Axel Espinoza García —*El Axel*— o Mauricio Peralta Ahuatzi —*El Pata Negra*— quizá no vestían tan
ostentosamente, pero sí con marcas propias de la clase media,
coronadas con un *look* que los diferenciaba por mucho del
cliché tepiteño, lo cual los acercó a una clientela de consu-
midores de drogas más amplia y los camufló con vecinos de
territorios capitalinos nunca antes relacionados con la pro-
blemática del narco, como la Narvarte, Coapa y San Ángel.
Este brazo de La Unión fue particularmente atacado por el
Estado Mayor Policial, un grupo de policías de élite de la
entonces Secretaría de Seguridad Pública local, comandado
por el respetado Hermenegildo Lugo Lara.

El 5 de agosto de 2018, cuando montado en una moto
jugaba carreritas contra sus subalternos a bordo de un Infi-
niti del año, El Alor fue detenido por policías de esta área,
hecho que marcaría la decadencia del liderazgo original de
esta facción, pues él estaba sólo por debajo de Pistache y
Tiger. Meses más tarde, El Alor fue liberado, pero la inves-

tigación que derivó su arresto fue más importante de lo que se creía. Hasta este libro, la indagatoria había permanecido en sigilo, pero ahora revela lo fundamental que fue para detener al Pistache y Tiger dos meses más tarde, en un complejo de apartamentos de lujo en Santa Fe.

Con base en el expediente TPID2018-132 de la policía capitalina, culminado el 9 de agosto de ese año, El Alor era un mando oculto cuyo rango resultó ser muy superior al que se sospechaba. Algo que resultaba interesante para los investigadores era su perfil, harto diferente al de Betito, Pulga o incluso el mismo Pistache, quien impulsó el cambio de imagen en su célula porque se desenvolvía en centros nocturnos clasemedieros. Pero no solamente era la forma de vestir, también ordenó montar casas de seguridad en plena Narvarte y Coapa, mezclarse con vecinos, con *youtubers*, participantes de *reality shows*, actores de cine y deportistas. Para eso, El Alor le fue de mucha utilidad al cártel. Según el expediente de inteligencia antes citado, el joven de 26 años de edad parecía más un habitante común de la Narvarte que un *dealer*. Las fotografías de su teléfono celular, sus contactos, redes sociales y forma de vida así lo proyectaban. Se le ve a los 18 o 19 años, delgado, peinado de mango chupado, inocuo, sonriente. Con el paso del tiempo ganó peso, se dejó la barba y comenzó a usar lentes de pasta, como un hípster posmoderno. Clamaba ser fanático del Real Madrid, *South Park* y *The Walking Dead*. En no pocas selfies aparece junto con su gato. "Mi gordo", posteaba en Facebook, despreocupadamente. Ningún miembro de alto o medio rango de La Unión tenía redes sociales, nada. Algunos cayeron en la tentación, pero terminaron eliminando sus cuentas, como El Huguito y algunos otros. Esto era un tesoro para los analistas policiacos, ávidos de hacer conexiones a través de sus redes sociales y entender cómo pensaba un líder criminal que cada fin de semana entregaba a Pistache cuentas de casi un millón de pesos producto de la venta ilegal en antros. En sus contactos, su jefe aparecía como *Abuelito Pistache*, mientras el resto de la estructura estaba guardada con sus apodos reales. En su galería de imágenes abundaban selfies frente al espejo o junto a alguna de sus novias, Estefanía y Natalia, donde se le observa un tatuaje en el pecho, una U enmarcada en laureles con una B al final. Era una clara alusión al cártel y al Betito, mas de no ser por eso, si no se supiera quién es en realidad, Alor lucía más como un chavo común y corriente cuyos mejores amigos gastaban el tiempo jugando en equipos de futbol rápido, reuniones con excompañeros de la universidad o en paseos con sus mascotas. Un tipo así convivía con gente "normal".

Para algún lector puede sonar lógico que incluso los más sanguinarios gángsters lleguen a codearse con personas comunes, vivir una doble vida si se quiere, pero en realidad es casi imposible. El Alor proviene de un ambiente criminógeno como la mayor parte de sus cómplices: su hermana Valeria y su hermano Chicho han sido detenidos varias veces por delitos contra la salud; eran de igual forma, supuestamente, integrantes activos del ala "fresa" de La Unión. Igual y de acuerdo con autoridades, presuntamente secuestraban, torturaban y mataban, pero tenían una facha menos amenazante que les permitía mezclarse con la clase media. Ejemplo: El Pata Negra fue arrestado cinco días después que Alor y un día antes dos de sus subalternos fueron detenidos junto con el actor Gabriel Santoyo Navidad,[7] de entonces 18 años de edad, según se informó en la puesta a disposición y en conferencia de prensa. Santoyo ya era conocido por su participación en la cinta *Cuatro Lunas* y pese a que no fue procesado junto con El Pata Negra ni por delitos contra la salud o delincuencia organizada, sí debió alejarse de los reflectores un tiempo para superar esta amarga experiencia.

Es el 20 de octubre de 2018. Un joven delgado, cabello corto a la moda, lentes de pasta tipo hípster, chamarra Louis Vuitton, pantalón de mezclilla entubado y tenis, camina junto a una despampanante mujer de vestido negro y tacones. Van de la mano, pícaros, ajenos a cualquier problema. Con ellos va otra pareja: un muchacho de camisa Gucci, cinturón y tenis blancos, cabello corto peinado con cera, también con la mano derecha entrelazada a la de una sonriente chica, quien va cubierta por una chamarra de cuero, falda y botas altas. Andan con desenfado por Paseo Arcos Bosques, una lujosa plaza en Bosques de las Lomas, que es una de las zonas

---

[7] https://www.eluniversal.com.mx/metropoli/cdmx/detienen-el-ahuatl-presunto-colaborador-de-la-union-tepito.

más exclusivas de Ciudad de México. Son las 14:00 horas y deciden comer en el restaurante japonés Nobu, propiedad del actor de Hollywood Robert de Niro. Allí degustan varios platillos que se comparten, beben sake y ríen durante casi 40 minutos, momento en que pagan 6 mil 793 pesos de cuenta. Después recorren las boutiques, paran, hablan por pequeños teléfonos celulares —especiales para no ser intervenidos— y prosiguen. Juguetean, besan a sus parejas y se toman selfies hasta que enfilan hacia el estacionamiento, donde los cuatro abordan una camioneta Mercedes Benz blanca, placas PVT-515-A.

Se trata de David García Ramírez, *El Pistache*, uno de los principales jefes de La Unión y su incondicional, Daniel Eduardo León Cifuentes, *El Tiger,* egresado de la UNAM, de la carrera de Administración y cerebro financiero de Pistache, quien 17 días antes fue captado también en el Centro Comercial Santa Fe, junto con su amigo Mario, alguna vez encarcelado por secuestro. Esa ocasión compraron a diestra y siniestra en Emporio Armani, La Martina y Palacio de Hierro, desembolsando un total de 87 mil 490 pesos. Los días 14 y 15 de ese mes, El Pistache volvió a acudir al mismo centro, donde gastó 34 mil 737 pesos. Le faltaban manos para cargar tantas bolsas. Lo anterior se sabe por una exhaustiva pesquisa del área de inteligencia de la policía capitalina, bajo el mando de José Gil García.

Pistache vivía a todo lujo, a años luz de sus inicios en Santa María la Ribera. Ahora intentaba fundirse con la clase alta chilanga, incrustarse en ella gracias a un estilo de vida pomposo. Pero hasta ahí no acaba: el líder criminal se sometió a una cirugía para remover la grasa del estómago y a otra para injertarse barba. Nada de eso era para despistar a las autoridades que le seguían los pasos, sino para verse como quería, como su sueño de escalar socialmente lo demandaba.

Éstos eran los narcofresas, cuyas tareas se expandieron, debido a su perfil, al control de la prostitución VIP, según consta en la carpeta FED/SEIDO/UEIDMS-CDMX/000857/2018, iniciada por la Subprocuraduría Especializada en Investigación de Delincuencia Organizada tras la detención de Pistache, consumada por elementos de la Agencia de Investigación Criminal, ese año encabezada por Omar García Harfuch.

Esta célula no únicamente reclutaba personajes del espectáculo, *influencers* o juniors, sino también mujeres para prostituirlas, mayoritariamente extranjeras. Un ejemplo es Zona Divas. Era un portal de internet donde se anunciaba un sinnúmero de mujeres explotadas sexualmente. Funcionaba desde hacía una década bajo el amparo de la mafia argentina, y las autoridades federales concluyeron que lucró con miles de mujeres traídas de Venezuela, Colombia, Argentina, Uruguay, Ecuador y Brasil, algunas con engaños o a la fuerza y otras por voluntad propia, sin saber el riesgo que representaba ligarse con delincuentes.[8] Ahora opera con el nombre La Boutique. Consta en las pesquisas

[8] https://www.sinembargo.mx/24-11-2018/3502228.

federales que La Unión tendió lazos en Argentina a través de Antonio Ignacio Santoyo Cervantes, *El Soni*, un mexicano investigado por ligas con tratantes argentinos y fundador, junto con su hermano Guillermo, de Zona Divas. El Soni está todavía bajo proceso en el Reclusorio Oriente. Por el testimonio de varios testigos y mujeres sobrevivientes, se supo que El Betito exigió al Soni servir al cártel con una cuota mensual, aparte de proveer *escorts* para sus parrandas. La mafia argentina presuntamente prefirió respaldar a La Unión que a Soni, quien no tuvo más remedio que acatar y entregarle 100 mil pesos a Pedro Ramírez, *El Jamón*, colaborador de confianza de Betito. Juana Camila Bautista, exfiscal antitrata de la Procuraduría, aseveró en conferencia de prensa, a finales de agosto de 2018:

> Efectivamente hemos tenido algunas víctimas que nos han mencionado que las obligaban a consumir droga. Otras han declarado que el propietario de la página (El Soni) les conseguía clientes a este grupo (La Unión), ellas dicen que eran sus clientes. Lamentablemente están aterradas, muchas no han querido hablar.[9]

Esta cuota al portal se impuso desde los primeros días de 2017, un año en el que cuatro mujeres registradas en Zona Divas fue-

[9] https://www.elfinanciero.com.mx/nacional/lider-de-red-criminal-que-operaba-zona-divas-ofrecian-a-extranjeras-a-union-de-tepito.

ron asesinadas. El caso más representativo tuvo lugar en febrero de 2018, cuando la venezolana Kenny Finol, de 25 años de edad, fue hallada muerta en una oscura calle de Ecatepec, el municipio con más feminicidios en el país. Las indagatorias apuntaron a su exnovio, Bryan Mauricio Miranda González, *El Pozoles*, miembro de una familia varias veces investigada por las autoridades y asentada en el Centro Histórico,[10] donde levantaron comercios de todo tipo, beneficiados con préstamos de la Secretaría de Desarrollo Económico, según el padrón público de la dependencia. El propio Pozoles recibía 3 mil 28 pesos mensuales como apoyo gubernamental a comerciantes establecidos. Su padre, Francisco Miranda Peralta recibía 5 mil 046; su madre, la misma cantidad, y su hermana, mil 009 pesos mensuales. El informe "Unión Tepito", elaborado por el Cisen, establece que El Pozoles es un presunto distribuidor de drogas que, sin formar parte del cártel, paga una cuota mensual para operar bajo su amparo. Él se convirtió en uno de los principales clientes del Soni y fue de esta manera como conoció a Kenny Finol, una migrante venezolana que truncó su carrera en la Universidad Rafael Belloso Chacín, en su país natal, para aterrizar en Ciudad de México y trabajar como *escort* en Zona Divas. Mireya Finol, madre de la víctima, recuerda, en una entrevista que dio al *Nuevo Heraldo*:

[10] https://www.infobae.com/america/mexico/2019/02/06/el-hermano-de-kenni-la-presunta-victima-de-el-pozoles-reacciono-a-su-detencion-es-un-animal/.

Me decía "Mami, tengo mucho miedo, me va a matar". Llegó el día y me la mató. Ella [Kenny] se fue a México para trabajar, para ayudarme a mí porque estoy enferma del corazón y acá estamos viviendo una situación muy difícil. Era la menor mía, la agarraron siete tipos de un sábado para domingo cuando estaba en una discoteca, llegaron siete hombres y me la sacaron y la pusieron en una camioneta. Supe por las noticias que acusaron a un tal Pozoles como causante del asesinato de mi hija, era una expareja que tenía, se la vivía amenazándola.

Es fecha en que, si bien el consulado venezolano la ayudó a repatriar el cuerpo de su hija, nada sabe del avance en las investigaciones. El Pozoles fue detenido en febrero de 2019, pero por delitos contra la salud, no por el feminicidio de Kenny, pese a que ella misma grabó varios videos donde muestra las cicatrices que le dejaban las golpizas del Pozoles. En las grabaciones le rogaba permitirle juntar sus cosas y un poco de dinero para regresarse a Venezuela, cosa que no sucedió nunca. En efecto, la joven fue sacada de un antro en el Estado de México, golpeada y finalmente asfixiada. No era la primera vez que al Pozoles se le involucraba en agresiones a mujeres o a las nuevas parejas de sus exnovias. Consta en la averiguación CUH-4/T2/02363/13-12 que en diciembre de 2013 golpeó a quien en ese entonces era novio de la madre de su hija. Otra situación similar ocurrió en julio de 2015, cuando disparó cinco veces contra un muchacho, de acuerdo con la denuncia CUH-4/T2/00491/15-07:

Refiere el denunciante que al dirigirse a dejar a su hermana a bordo de una camioneta conducida por su hermano y al llegar a la calle de República de Honduras, en el Centro, se dirigieron a saludar a unos amigos, por lo cual bajan de la camioneta el denunciante y su hermano, encontrándose de frente a un examigo de nombre Bryan, apodado *El Pozoles* con quien había tenido problemas en 2014 por habérsele insinuado a su esposa. En ese momento, Bryan le dice "¿Qué haces aquí, Hugo?", respondiéndole el denunciante "¿Es tu calle o qué?", a lo que Bryan responde "Vete de aquí porque si no te voy a hasta robar", momento en que el denunciante le propina un cabezazo a Bryan, quien saca una pistola que portaba en la cintura y dispara; el denunciante se echa a correr, escuchando cuatro detonaciones más que le impactan en la espalda. Al llegar a la calle Perú, da vuelta en Brasil, donde llega su hermano y lo traslada al Hospital Gregorio Salas.

De apenas 1.50 de estatura, complexión robusta, cabello a rape y un grupo de unos 20 cómplices a su mando, El Pozoles alardeaba sobre las hermosas chicas sudamericanas con las que andaba. A Kenny la llamaba "la muñequita más bella del aparador" cuando comenzaron a salir. Se dejaban ver juntos e incluso publicaban fotos para sus redes sociales. Cuando Kenny fue hallada sin vida en Ecatepec, ya había una ola de crímenes contra mujeres sudamericanas que se anunciaban en Zona Divas, por lo que cuando los videos donde se grabó pidiendo al Pozoles que le perdonara la vida se publicaron en los diarios *El Universal* y *Reforma*, el feminicidio cobró interés público, tanto así que El Betito supuestamente enfureció con El Pozoles. Envió a sus sicarios a encararlo y exigirle una compensación por la cagada que había hecho. No tardaron demasiado en localizarlo. Uno de los emisarios de Betito se le paró enfrente y le advirtió que lo habían mandado a matarlo, que por su culpa se estaba calentando la operación de La Empresa y tenía de dos sopas: pagarle a La Unión o recibir un tiro entre ceja y ceja. El Pozoles no la meditó mucho: entregó una camioneta y 150 mil pesos en efectivo para seguir con vida. Días más tarde, huyó a Nezahualcóyotl, Estado de México, al oriente de la zona metropolitana, donde sus padres tienen una casa. Desde allí siguió delinquiendo, según la investigación que se le siguió, y frecuentando centros nocturnos acompañado de una chica venezolana, con quien fue arrestado un año después del feminicidio de Kenny.

Apenas el 27 de diciembre de 2017 había sido asesinada de un balazo la argentina de 23 años de edad Karen Ailén Grodzinski dentro de la habitación que rentaba en el hotel Pasadena, al sur de la capital, donde solían reunirse y trabajar las *escorts* de Zona Divas. El caso también acaparó espacio y reflectores en los medios porque la Procuraduría acusó del crimen al actor Axel Arenas Reyes, pero todo fue una pifia. Resulta que él había adquirido una motocicleta sin saber que fue utilizada para que el verdadero responsable huyera del hotel Pasadena. Con base en eso y su ligero parecido con el sospechoso videograbado por cámaras del hotel, fue arrestado. Algunos detectives incluso creían que era El Pulga, pues se apellidaba Arenas, tenía barba, era moreno, de estatura similar y complexión delgada. Un ridículo que cayó como una mole de concreto sobre la dependencia y su entonces titular, Edmundo Garrido Osorio, hombre de probada experiencia, pero que carecía de un plan integral para sacar a flote al viejo monstruo judicial que intentaba domar. Hasta ahora, el asesinato de Karen Ailén sigue impune. Su pesadilla había comenzado unas semanas atrás. A mediados de nombre de 2017, la víctima escribió a su madre:

> Y si pones en Google sale la muerte de una amiga que no veía desde febrero. Génesis se llamaba, es venezolana, desapareció una semana y apareció torturada hace un mes. La acuchillaron y le hicieron de todo, la dejaron asfixiada con un moño en el cuello. Ella era novia de un político y ni eso la salvó.

"Eso pasa siempre con los extranjeros, vos quedate tranquila con tu marido", le contestó su madre. Génesis era una amiga de Karen, también *escort* de Zona Divas, secuestrada en Puebla y asesinada en el hotel Platino, de la alcaldía Venustiano Carranza. Todo se sabía en el pequeño mundo de las extranjeras que se prostituían. A Karen la carcomía el miedo, como a las demás. Había aterrizado en Cancún el 14 de agosto de 2015, a las 12:36 horas, según un reporte migratorio, pero se mudó a la capital apenas unos meses más tarde. Aquí se enroló en Zona Divas bajo el seudónimo de Danna

Broke, cuya cuenta de Twitter tiene aún casi 80 mil seguidores y un teléfono de contacto. Esa noche del 27 de diciembre subió una foto desde la misma habitación donde fue ultimada. Ella buscaba ser independiente y no pagar por anunciarse en Zona Divas, lo cual molestó al Soni. Apenas el 6 de julio de ese 2017, ella y un comerciante de zapatos, bolsas y suplementos alimenticios de Tepito, Carlos Nolasco Cruz, contrajeron nupcias por el civil y se fueron a vivir a un apartamento en la colonia Nápoles, al sur de la ciudad. Karen platicaba a su mamá que se sentía protegida, pero aún solía estar en el hotel Pasadena como el resto de las chicas explotadas. Tal vez sintiera que el lugar era seguro para laborar. A las 20:30 horas de ese miércoles llegó un último mensaje de voz enviado por su esposo, conforme a lo establecido en la carpeta FBJ-1/UI-1S/D/07547/12-2017. Pero alrededor de esa hora fue asesinada por un espigado individuo que se presentó al *lobby* del hotel a las 18:50 hrs. y se retiró justo a las 20:30. Fue él quien, se presume, realmente tomó el celular de Karen, escuchó el mensaje de Carlos, e inmediatamente escapó en la motocicleta que días más tarde compraría el actor Axel Arenas Reyes.

En su declaración, Carlos señala que fue una amiga de Karen, Paula "N" quien le marcó a las 2:00 de la madrugada para informarle que algo malo le había pasado a la originaria del Chaco, Argentina. Además, se lee:

Refiere haber conocido a la occisa hace año y medio a través de un amigo, en un bar de la colonia Del Valle. […] que su esposa llegó a México a trabajar como edecán y modelo pero que desde que se comprometieron abandonó el uso de redes sociales, principalmente Facebook; dijo no socializar con mucha gente ni asistir a fiestas, que no tenía deudas o enemigos conocidos como un exnovio o pretendiente.

¿Por qué mataron a Karen? Se especuló sobre un feminicida solitario o un cliente. Se habló también de un probable asesino de *escorts*, pero el tiempo fue aclarando todo y tras esta investigación sabemos lo siguiente: Soni pagaba a sicarios de La Unión para intimidar y matar a las modelos que se negaran a seguir en su sitio web, donde pagan por anuncio. Ni Karen ni Génesis, ni otra venezolana con el mismo destino, Wendy Vaneska de Lima Cortés, tenían deudas por droga ni pleitos con los hombres del cártel que las cortejaban, solamente con Soni y las administradoras de Zona Divas. Ellas buscaban anunciarse por redes sociales y de esta forma ahorrarse las cuotas del sitio de internet, cosa que molestó al Soni, comprometido ya con La Unión. Todos clavaban un diente al pastel de la explotación sexual y nadie estaba dispuesto a perder un solo centavo con la emancipación de las chicas, a las que veían como mercancía.

Ésa es la razón principal de las múltiples agresiones de las que fueron blanco, ninguneadas por las autoridades, salvo una que otra servidora pública, como la entonces fiscal Juana Camila Bautista. Desafortunadamente, sólo hay una persona sentenciada —a 80 años de prisión— por matar a dos de las ocho *escorts* que han sido asesinadas desde 2017. Es Daniel Uribe Reyes, un supuesto pistolero de La Unión al cual nadie conoce, carente de apodo y nunca mencionado en ninguna red de vínculos del cártel desde que fue fundado en 2009. Su filiación sigue siendo una sospecha. Ahora, no todas las mujeres asesinadas o desaparecidas por La Unión eran *escorts*. Atzin Molina es una bailarina que tiene más de un año que "se evaporó", una víctima del cártel de la que pocas autoridades han querido hablar.

"Ya me tengo que ir, mamá", escribe Atzin a su madre. La muchacha de 19 años de edad tiene esa noche un compromiso: bailar como parte del show de Jamsha, un músico puertorriqueño que se presentaría ese 8 de febrero de 2019 en un foro de Ecatepec. La madre de Atzin iba rumbo a casa y tenía en mente ver a su hija antes de que fuera a trabajar, pero el tráfico de la ciudad no le da ese gusto. El concierto se lleva a cabo con normalidad; Atzin envía una fotografía a su madre a las 00:11 horas y le escribe que todavía falta tiempo para terminar. La verdad es que apenas unos minutos después del mensaje, los asistentes abandonan el foro y las luces se apagan. Atzin ya tiene decidido acudir a la discoteca Bangkok, en la colonia Roma, junto con algunas amigas.

Son los primeros minutos del sábado 9 de enero y a la joven se le ve en el VIP del lugar, propiedad del novio de su amiga, Dafne. Las luces púrpuras, rosadas y oro salpican todo a su alrededor, mientras la música electrónica envuelve a sus merodeadores, endulzados con el vodka o whisky, acodados sobre sus amplios sillones. La excentricidad del lugar es inobjetable: cuelgan grandes candelabros, cortinas de terciopelo y cuadros sicodélicos con referencias tailandesas, como es de esperarse. Atzin había bailado aquí también hacía algunos años, cuando era menor de edad, hecho que enfrentó a su madre con el gerente y empleados, los cuales nomás se encogían de hombros ante los reclamos. Empero, era el antro favorito de Atzin, quien había estudiado teatro en el Instituto Nacional de Bellas Artes y para esas fechas tomaba clases de hiphop bailable. Obsesionada con su figura, la muchacha no se descuidaba ni un pelo; presumía un cuerpo envidiable y trabajado en el gimnasio y una sonrisa magnética que terminó por atraer a las personas equivocadas.

Su madre, María de Jesús, admite que Atzin se involucró sentimentalmente con Eduardo Ramírez Tiburcio, *El Chori*, cabecilla del cártel de La Unión. Cómo, cuándo y dónde no se sabe con precisión. Probablemente en el Bangkok, usado no pocas veces por los miembros del grupo delictivo para echar fiesta. No sólo esa disco es controlada por El Pistache sino casi todas las demás en la Roma, céntrica colonia que desde hace muchísimas décadas es laboratorio cultural y social. En los años cincuenta se alojaron aquí varios representantes del movimiento contracultural Beat, como Jack Kerouac, célebre escritor de *En el camino*. Aquí William Burroughs, autor del lúgubre experimento literario *El almuerzo desnudo*, mató por error a su esposa, Joan Vollmer, en 1951. Hoy esta colonia padece la delincuencia organizada, pero resiste y mantiene su ambiente relajado y bohemio. Consta en el expediente AYO/533/2019 que a las 3:02 horas Atzin avisa a sus amigos que regresará a casa. Tras despedirse, vuela hacia la entrada del Bangkok para tomar un taxi, pero es alcanzada por su amiga Dafne, quien le ofrece prestarle a su chofer para que la lleve de forma segura. Instantes después se presenta Joaquín, quien abre la puerta del automóvil para que Atzin aborde. Algo pasa en el trayecto a casa que el conductor modifica su ruta y deja a la joven en otra discoteca, el Cíngaro, asentada en la Zona Rosa. Este sitio fue cerrado en 2013 durante las pesquisas del caso Heaven, pero reabrió sus puertas en mayo de 2017. Allí es dejada Atzin, quien al parecer es recibida por un muchacho, con el que se funde en un amistoso abrazo. Ésa es la última vez que alguien ve a Atzin.

"Ha sido un tormento, ya se cumplió un año y mi hija sigue desaparecida. Por supuesto que tengo miedo, pero estoy preparada para lo que sea, lo que ya no quiero es esta incertidumbre", expresa su madre, la abogada María de Jesús, quien ha indagado por cuenta propia, con buenos resultados. Sin dejar de observar las fotos que conserva de su única hija en su teléfono, narra:

Mi hija me platicó que una vez que se fue a Acapulco con El Chori, tuvieron una pelea porque le cachó a él unos mensajes con su expareja. "No que ya no se hablaban", le recriminó mi hija, pero la cosa terminó allí. Tiempo después me contó que la novia colombiana de otro de La Unión, apodado El Peras, le empezó a decir al Chori que Atzin era de cuidado, que si se peleaban ella lo podría poner con los policías por despecho, que era mejor que no se confiara; digamos, le metió mierda en la cabeza a este sujeto tan peligroso. Mi hija me enseñó un video de cuando va y le reclama a la colombiana, Joselyn, se llama; inclusive la golpeó y ella nomás le decía que no, que ella no había dicho nada. Luego de eso parece que mi hija se alejó del tal Chori, pero seguía viendo a algunos del grupo obviamente en los antros.

Se sabe que el teléfono de Atzin fue usado varias semanas después de su desaparición. Algunas de las señalas que emitía fueron ubicadas en la alcaldía Gustavo A. Madero, otras en el estado de Morelos. La última vez que tuvo actividad fue en abril de 2019, en la Ciudadela, cerca del Centro Histórico. No obstante, la muchacha no ha vuelto a casa y, aunque las autoridades tienen algunas pistas, ninguna ha sido lo suficientemente contundente para dar con su paradero. ¿Qué le sucedió? ¿Por qué alguien querría hacerle daño? Es seguro que su ausencia no es voluntaria, máxime el contexto de haber tenido una relación con un mafioso y el destino que muchas otras mujeres han sufrido a manos de La Unión. Se cree que el tipo con el que se encontró afuera del Cíngaro, cuyos videos no fueron proporcionados a la Fiscalía, alegando que fueron borrados, es otro presunto integrante del cártel, identificado como Santiago, *El Tío Bayron*, quien alguna vez le confesó a la madre de Atzin que estaba perdidamente enamorado de ella.

Ser acusados de feminicidio causa temor entre los pistoleros del cártel. Las leyes se han endurecido tras establecerse el tipo penal, por lo que incluso se hizo una junta donde supuestamente El Betito ordenó a todos sus capitanes tener mayor control sobre sus muchachos, los que salían con *escorts* o participantes de *reality shows* o concursos televisivos como *Enamorándonos*, de TV Azteca. En las pachangas y las discotecas, al calor de las copas, acelerados por las anfetaminas, no pocos miembros de La Unión se encararon unos con otros por celos. Las rencillas quedaban ahí, pero se guardaban en el estómago y crispaban los puños, amenazando con que una noche hubiera fuego amigo. El Betito advirtió a los suyos:

—El que me entere que esté provocando mamadas por las viejas lo voy a matar.

Por supuesto, todos asintieron y uno de los más cercanos al jefe criminal, el misterioso Mi Jefe, remató:

—Las viejas son puros pedos, ya déjense de chingaderas.

Quizá los conflictos que brotaron por estos motivos amainaron, no así las agresiones a mujeres.

Una luz empalagosa baña a los presentes. Pasa del rosa mexicano a púrpura y carmín. Música de boleros ameniza el brindis y el cotorreo, pero de golpe desaparece para dar paso a la narración de una pelea de box. Es el 26 de agosto de 2017 en la Cantina No. 20 de Plaza Antara, en Polanco. Un numeroso grupo de personas ocupa tres mesas en el VIP del lugar, donde las pantallas dan cuenta ya de los primeros segundos del

combate entre el invicto estadounidense Floyd Mayweather
Jr. y el irlandés Conor McGregor. Corre el mezcal, whisky,
cerveza y el tequila. En una silla se deja caer El Betito, quien
esa noche lleva un Rolex en la mano izquierda. Está rodeado
de sus principales operadores, mujeres del Barril, como lla-
man a Tepito, voluptuosas sudamericanas y un par de con-
cursantes de *Acapulco Shore*. Las mesas están atiborradas
de botanas *gourmet*, una mariscada servida al centro y hasta raspados de hielo. Betito luce delgado, un poco más de
como lo vieron en la junta en El Rosario, pero aún no se ha
injertado cabello. Los meseros se deshacen en atenciones, a
sabiendas o no de quién es el patrón al que pocos se atreven
a perturbar mientras posa sus ojos en los púgiles. La pelea se
va diluyendo en las bebidas del público conforme la superio-
ridad de Mayweather aniquila, round tras round, cualquier
posibilidad de espectáculo. Nadie sospecha que en el lugar
también hay agentes federales que vigilan la verbena. Son
los mismos que casi un año más tarde consumarían la captura del Betito, el criminal más buscado de los últimos años
en la capital. Los informes de inteligencia no escatiman en
detalles e inclusive añaden algunas fotografías del jefe narco y su equipo. En esas fechas ya se sabe que El Betito, aún
identificado erróneamente como Roberto Mollado Esparza,
no es más un hombre robusto. Está 25 kilos abajo desde la
última imagen que se tenía de él y en esa cantina luce más
como un cliente consentido que como un hampón. La fami-
liaridad con la que el gerente de la cantina se dirige a él no

hace sino asombrar a los policías. Ninguno de sus hombres parece estar armado ni en las inmediaciones de la plaza se detectaron *halcones*. Nada. Por eso la Procuraduría General de la República supone que La Unión contaba con protección institucional a todos niveles y para esos momentos todavía no reventaba la guerra contra El Tortas, cuya vehemencia lo cambió todo.

Finaliza la cátedra boxística de Mayweather, pero la comilona sigue hasta que Betito se levanta y ordena a uno de los suyos pedir la cuenta. Presuroso y sin mirar a nadie a los ojos, uno de los meseros lleva el papel solicitado: casi 60 mil pesos que uno de los cabecillas del cártel paga en efectivo. Los federales, que fingieron ser empresarios protegidos por guaruras encorbatados, dan un trago a sus bebidas y permanecen inmóviles en sus asientos, justo cuando una canción ranchera sirve de colofón para la noche en que la planilla mayor del cártel chilango departió a sus anchas en Polanco.

Desde principios de 2018, las autoridades federales sabían ya perfectamente dónde se escondían El Betito y Pistache. Gracias a la vigilancia realizada meses atrás en la cantina de Polanco, conocían la nueva imagen del jefe de La Unión, más de 20 kilos abajo y ropa elegante; empero, Betito logró desaparecer del radar. El Pistache no, y lo siguieron vigilando desde entonces. Un informe titulado "Información de Policía Federal" cuenta con fotografías de Pistache llegando a uno de sus apartamentos. Éste se hallaba en la exclusiva zona del Pedregal, al sur de Ciudad de México, donde se le veía arribar en una camioneta negra. De pronto se le observa con una joven y luego hablando por un diminuto teléfono celular, de esos cuyas llamadas aparentemente no pueden ser interceptadas. A Pistache, uno de los más cercanos a Betito por su efectividad en el control de los antros y la liga que surgió al sostener una relación sentimental con dos muchachas que son hermanas, se le observaba sin guardaespaldas, ni lentes oscuros o gorras, a veces incluso afuera de su departamento o manejando cualquiera de sus vehículos hacia el estacionamiento del conjunto. Los federales no parecían demasiado empeñados en encubrir sus investigaciones, pues se menciona en sus reportes que fueron a entrevistarse con la madre de Pistache, quien los atendió y admitió que era su hijo. "Vivía aquí, pero ya no; no sé dónde esté, de vez en cuando me viene a ver", externó la amable mujer, según el documento policiaco.

La lupa de los agentes seguía al Pistache adonde sea que fuera: Plaza Escenaria, el restaurante Rivoli, el Cambalache, la Churrasquería, el Cuevón y el Stage One Karaoke. Estaban enterados de los vehículos que lo transportaban: una camioneta Buick Encore negra, un Jetta blanco, una Volkswagen Tiguan blanca, una Mercedes del mismo color cuyas placas correspondían a un Audi A4 y un BMW 320i, todos a nombres de diferentes personas. No faltaban los distintos domicilios donde se ocultaba, usualmente apartamentos en la colonia Primavera, Tlalpan; en Héroes de Padierna, misma alcaldía; en Los Alpes, Álvaro Obregón; en City Towers, Coyoacán, a unas calles de la Cineteca Nacional; en el Pedregal y finalmente en el conjunto High Park de Santa Fe, donde fue puesto bajo arresto el 30 de octubre de 2018.

Poco más de dos meses antes, el miércoles 8 de agosto, había caído su jefe, El Betito, junto con su hermano José, afuera de una residencia que rentaban en el Pedregal. A ambos los atraparon sin balazos ni nada. De Pistache podría haberse esperado, pues no era un hampón entrenado para usar armas contra policías, pero en el caso del Betito, definitivamente algo olía raro. Un hombre tan familiarizado con la violencia, adiestrado en el uso de toda clase de armamento y… ¿no opuso resistencia alguna? Algunas autoridades consultadas presumieron un "operativo quirúrgico" que evitó poner en riesgo a la sociedad chilanga. Aun así, resulta bastante extraña la forma en que, al fin, fue detenido el malandro más buscado del Valle de México. El parte oficial refiere que a las 17:28 horas fue interceptado junto con su hermano apenas descendieron de un modesto Suzuki Swift blanco.

—Buenas tardes, caballeros, ¿me muestran su credencial de elector? —pidió uno de los agentes federales. Se asentó en el reporte que José dio un paso al frente para obstaculizar a los policías y gritó:

—¡Corre, carnal!

Supuestamente El Betito efectivamente corrió, aunque unos metros adelante un pelotón de federales bajaron de una minivan y le apuntaron con sus armas.

—¡Deténgase, ponga las manos sobre la cabeza y tírese al piso! —le ordenaron.

Cuando estuvo bocabajo, tendido y con los dedos de las manos entrelazados sobre la nuca, el líder del cártel chilango fue esposado. Ya tenía cabello, abundante barba y vestía una playera polo azul, marca Hugo Boss, pantalón de mezclilla, cinturón Fendi y tenis Louis Vuitton. Con celeridad fue llevado al Ministerio Público Federal en la calle López, en el Centro, cuyos agentes fueron acusados durante años de dar protección a La Unión. Allí se le fichó e informó de las imputaciones en su contra. Una fotografía publicada al día siguiente por el portal *La Silla Rota* dio cuenta de que estaba sentado en un escritorio, sin esposas en las manos, rindiendo declaración ante personal de la Procuraduría General de la República. El operativo tenía una versión color rosa que, sin embargo, es la oficial. *Off the record,* hay otra que dista mucho y la cual en su momento se guardó celosamente, pero que a más de un año comentan unos pocos funcionarios de alto nivel: El Betito se entregó. Al parecer, sólo cuatro personas sabían de su último escondite: su novia, su hermano José que jamás se le separaba, Pistache y su abogado hasta la fecha, Sergio Arturo Ramírez Muñoz. En el círculo íntimo de Betito se sospechaba de este último, pero conforme pasaron los días se descartó que hubiera colaborado con alguna autoridad o hubiera sido captado cerca o dentro de la residencia que servía como refugio al líder criminal. Ramírez Muñoz es un experimentado abogado que ha defendido a cientos de clientes de alto perfil, pero cuyo equipo también ha estado detrás de víctimas, como el padre de Norberto Ronquillo, un joven secuestrado y asesinado en junio de 2019.

Por otra parte, la novia de Betito jamás estuvo ni en tela de juicio. Así que el dedo índice apuntaba a Pistache, quien sería arrestado más de dos meses después. La noche de ese miércoles 8 de agosto de 2018 se llevó a cabo una junta de emergencia donde Pistache fue señalado como traidor. Abonó al desconcierto el hecho de que supuestamente fueron robadas varias cajas fuertes propiedad de Betito, en las cuales se abultaban dólares producto del paso de cocaína a Estados Unidos. Por esta razón fue acusado otro miembro del cártel, amigo de Betito y encargado de hacerle llegar dinero de las movidas: Gabriel Sandoval Pastrana, *El Perro*, lugarteniente en el Centro Histórico y amigo desde la infancia. Nadie sabía con exactitud cuánto dinero se supone le fue hurtado a Betito tras su captura y, como no podían comunicarse con él, se decidió no matar a nadie, según supieron posteriormente las autoridades federales. Si nadie había traicionado al patrón, si tampoco se trató de un descuido de alguno de sus más cercanos compinches, ¿qué demonios había sucedido? A una sola voz se nombró a Pedro Ramírez, *El Jamón*, como mandón provisional. Debajo de él quedó El Elvis, seguido de Mi Jefe y finalmente el propio Pistache, pero éste no tardó en caer. Por su parte, El Jamón fue detenido hasta mayo del año siguiente y todo ha quedado, hasta la fecha, a cargo del Elvis.

La hipótesis de una entrega pactada cobró cada vez más fuerza. Algunos pocos mandos del cártel habían oído que

Betito se comunicaba con alguien a través de un teléfono especial, alguien al que se dirigía con respeto y extrema secrecía, pero no ha trascendido ninguna pesquisa al respecto. Los meses previos al arresto, las llamadas con el misterioso personaje aparentemente se hicieron más frecuentes y ello no hizo sino ensanchar las conjeturas.

Con el paso de los meses, algo se hizo evidente: pese a que El Betito está encarcelado, el cártel no sólo sigue operando, sino que su estructura de liderazgo está prácticamente intacta. Aparte del Betito, únicamente duermen en prisión El Jamón y Pistache; el resto goza de libertad: El Elvis, Manzanas, Mi Jefe, Uriel, El Perro, Irving y hasta El Huguito, principal pistolero después de que fuera asesinado El Pulga. Justamente porque el cártel sigue operando como antes, los investigadores sospechan que las órdenes pueden seguir saliendo de Betito, al tiempo que la maquinaria de La Unión no hace sino mover los hilos del hampa cada vez más lejos de la capital.

En la cortina que cubre la captura de Betito, apareció otro nombre: María Guerra Hudec, una supuesta *testaferra*, igual de misteriosa como la propia red de lavado del cártel, la cual incluye a un exgobernador de Veracruz, el familiar de un ministro retirado, cirujanos cuestionados y hasta empresas de publicidad.

8

La red de lavado

Es una casa de cuatro niveles, fachada color mostaza, portón gris; en su techo se alza una enorme antena parabólica. Se supone que ahí se encuentran las oficinas de la empresa Publicidad Trento, pero más bien parece una residencia deshabitada porque nadie entra ni sale de allí durante varios días. El informe "Estructura Financiera Unión Tepito", elaborado en 2018 por la Subsecretaría de Información e inteligencia Policial, de la entonces Secretaría de Seguridad Pública, indica que esta compañía ayudó a lavar millones de pesos al cártel de La Unión.

Donde deberían estar las instalaciones comerciales, no hay sino esta casona, en Exhacienda del Rosario, Azcapotzalco, al norte de la Ciudad de México. Cuando por fin una mujer responde el llamado, a través de un interfón, se limita a decir que ahí no hay ninguna empresa ni tampoco conocen al supuesto representante legal, Alejandro Vega Esquivel, cuyo domicilio ante el Instituto Nacional Electoral supuestamente está en la colonia Jardines de Báez, en Ecatepec. Nadie lo conoce ahí. Un comprobante de pago por servicios telefónicos indica que vive en San Mateo, Naucalpan, pero no. Hay otros en la colonia Cristóbal Herrera, Atizapán y hasta en avenida Moliere, Polanco, con el mismo resultado: nada. En esta última dirección fueron obtenidos documentos a nombre de Juventina "M", supuesta integrante del Sindicato Independiente de Mujeres Transportistas de Veracruz, de acuerdo con un acta de asamblea del 6 de octubre de 2015. Los movimientos financieros detectados por la policía, en coordinación con la entonces Procuraduría General de la República consisten en pagos y facturas que no bajan nunca de los 300 mil pesos. Registros públicos señalan que Publicidad Trento se estableció el 2 de mayo de 2017, pero actualmente está dada de baja de cualquier plataforma de información gubernamental.

A Vega Esquivel lo conectan los organigramas que aparecen en el informe mencionado directamente con José Alberto Maldonado López, *El Betito*, jefe absoluto del cártel, lo mismo que con María Guerra Hudec, quien, según la base de datos de Bancomext, dependiente del gobierno federal, fue empleada de esa institución bancaria del 3 de diciembre de 2007 hasta, por lo menos, diciembre de 2010, con un puesto de asistente administrativo. Este banco se dedica a dar créditos a pequeñas y medianas empresas mexicanas.

En el documento de inteligencia se lee que a Hudec presuntamente se le depositaban hasta 855 mil pesos mensuales. Ella estaba, hasta junio de 2019, en la mira de la Unidad de Inteligencia Financiera de la Secretaría de Hacienda, por lo cual recurrió al recurso de amparo, según el expediente 291/2019. Durante la primera audiencia del Betito, el nombre de esta mujer salió a relucir: en los informes de la policía Federal, admitidos por la jueza Beatriz Moguel, se estableció que fue seguida por policías federales el 5 de julio de 2018, un mes antes de la captura del líder de La Unión, pues las autoridades presumían que era cercana a él y posible testaferro. Tanto inteligencia local como federal descubrieron que el domicilio consignado en su licencia era el de Cascada 240, Jardines del Pedregal, y que una camioneta Buick Encore la registró con otro domicilio cercano: Cañada 155, misma colonia. Tenía un tercer domicilio en el Pedregal: Xitle 23. En todas estas locaciones fue avistado El Betito, quien fue capturado —o se entregó— a casi cinco kilómetros de allí, en la colonia Rincón del Pedregal, Tlalpan. El caso es que los seguimientos a Guerra Hudec al parecer condujeron a los agentes hasta la última ubicación del Betito, en una unidad habitacional donde rentaba desde hace unos pocos días. Frecuentaba los escondites del mafioso pero no fue arrestada. Nadie sabe dónde está. Únicamente se conoce su batalla legal contra Hacienda y otras autoridades hasta el 18 de junio de 2019.

Los alcances delictivos de La Unión se indagan hasta Veracruz, a través de la Universidad del Conde, especializada en medicina estética y asentada en el municipio de Coatepec. Así consta en el informe de inteligencia de la Secretaría de Seguridad Pública capitalina. Su director, Marco Antonio Conde, aparece en el organigrama financiero del cártel, conectado con David García Ramírez, *El Pistache*. Aunque esta información está en manos de Hacienda y la Fiscalía General de la República, Conde no se ha alejado de la vida pública. En febrero de 2019, durante el Congreso Internacional de Cirugía Estética, Medicina Estética y Obesidad, realizado en Veracruz, alabó desde el presídium al presidente Andrés Manuel López Obrador por sus "valientes e inéditas acciones", según publicó *El Diario de Veracruz*.

Creo que lo hecho por el presidente es inédito, hay que apoyarlo, ha sido valiente; ha metido orden en el tema del huachicol, una acción que todos los mexicanos apoyamos al cien por ciento.

Elocuente, con barba de candado y traje, Conde presumió que la universidad que dirige otorgó 3 mil becas a estudiantes veracruzanos y que el Instituto de Estudios Superiores en Medicina, que también encabeza, ha congregado a 30 mil cirujanos de todo el país. Un mes más tarde, Conde fue reconocido como "el empresario del año" por el Salón de la Fama del Futbol Americano en México, una asociación civil con sede en Toluca, Estado de México, pero Conde no asistió al acto de reconocimiento, como dueño del equipo Mexicah, de futbol americano *indoor*. Él, además, maneja la Fundación Conde y Fundación T, ubicada en Puebla, a través de las cuales, al parecer, otorga becas a jóvenes deportistas. Asimismo, es franquiciatario del equipo de futbol americano profesional Mexicas LFA, que juega en Ciudad de México. Como sea, la policía detalló en su informe de 2018 que a Conde se le hicieron depósitos sospechosos por 6 millones 148 mil pesos a una misma cuenta. En el documento de casi 100 páginas, el área de inteligencia capitalina indagó su domicilio en San Luis Potosí, así como varios vehículos a su nombre, redes sociales y noticias en internet.

En el mencionado organigrama aparece también Rubén Manrique Salas, rector de la Academia Americana de Medicina, reconocida por la Secretaría de Educación Pública bajo el registro 20180050 y el AAM-140707 de la Secretaría del Trabajo y Previsión Social. El documento conecta a Manrique con "Manuel Añorve Baños", según se lee. Se menciona también al profesor de la Universidad del Conde Raúl Góngora Alejandro. Él, conforme a lo establecido en la indagatoria, está a cargo de una clínica en Tijuana. Otro personaje citado en el informe es Luis Enrique Fernando Molina, egresado de la primera generación de la Universidad del Conde, supuesto fundador de Medilaser, una clínica en Ciudad de México, relacionada con el table dance Penthouse Club, cuyo dueño era Jason Galanis, antes de que cerrara por la investigación desatada por el secuestro y homicidio de 13 jóvenes sacados del bar Heaven, en

2013, crimen vinculado a la pugna entre La Unión y su falso doble de Insurgentes.

Empresas tras empresas, clínicas, productoras de polímeros y asociaciones civiles forman parte de lo que la Secretaría de Seguridad Pública y la Procuraduría General de la República denominaron la "Red de Cirujanos" enchufada con el andar criminal de La Unión. Incluso se incluye al doctor Jeremías Flores Felipe —encarcelado en 2009, aunque después liberado— por presuntamente participar en un esquema de producción y distribución de productos médicos adulterados, aplicados en cirugías plásticas. Saltó a la mala fama por la denuncia que la cantante Alejandra Guzmán presentó en su contra, luego de inyectarle sustancias dañinas en los glúteos. Hay más: fue acusado de abuso sexual por una paciente quien, durante el proceso judicial, le otorgó el perdón y se conformó con continuar una demanda civil por los daños que aparentemente le ocasionó el doctor tras una cirugía estética.

Prácticamente toda la investigación del área de inteligencia de la policía y la Procuraduría General de la República empezó cuando extrajeron información del teléfono celular de Víctor Vázquez Alor, mando de una facción del cártel y cercano al Pistache. Allí encontraron la fotografía de una tarjeta bancaria que resultó ser de este último, lo cual les sirvió para jalar el hilo del dinero. Los investigadores descubrieron que tanto Betito como Pistache recibían depósitos en cuentas abiertas con sus nombres reales, al tiempo que la conexión de llamadas telefónicas y triangulaciones bancarias con Alejandro Vega Esquivel, identificado como representante legal de muchas de las compañías fantasmas relacionadas con el cártel, perfilaron las pesquisas que, hasta hoy, continúa perfeccionando la Fiscalía General de la República. Si ha habido conclusiones o mandamientos judiciales derivados de ésta, no se puede saber aún, pues la información se ha catalogado como reservada. Sin embargo, en el informe con el que arrancó la investigación hay un largo listado de más supuestos lavadores del cártel, al menos 30 empresas fantasma más, decenas de depósitos y un par de sospechosos en cuyas redes sociales presumen viajes a Asia, automóviles de lujo y botellas de champán sobre la mesa. Se exponen empresas como Asesorías Orman, la comercializadora Mexport o Tredton, vinculada al propio Víctor Vázquez Alor, quien se cree las hacía de prestanombres aparte de controlar una facción del cártel enfocada en distribuir estupefacientes en antros y extorsionar a sus propietarios.

El Betito, se sospecha, confiaba en que nadie sabía su verdadero nombre e inclusive después de su detención se tramitaron amparos con el nombre incorrecto, es decir, con el de Roberto Mollado Esparza. Empero, las cuentas bancarias que utilizaba estaban a su nombre, el real: José Alberto Maldonado López; eso sí, con domicilios falsos incluyendo su credencial para votar. Lo mismo pasó con El Pistache, cuyos gastos en Palacio de Hierro y otras tiendas llamaron la atención de las autoridades. Al revisar los cientos de depósitos achacados a la red de lavado de La Unión, nada más en unos cuantos meses, cuando estaban supeditados al ojo del gobierno y plasmados en los informes mencionados, brota la obviedad: millones y millones de pesos fueron *limpiados* desde Jalisco, Tlaxcala, Puebla, Durango, Veracruz, Morelos y Estado de México hasta la capital. Una cuenta de Inbursa alimentaba otras con cantidades exorbitantes, pero cuando los investigadores solicitaron información a este banco recibieron muchas trabas y, tiempo después, la cuenta desapareció. Acerca de los dólares que recibía el fundador del cártel, El Abuelo, extraditado a Estados Unidos y los que podrían caer a la organización actual a través del Lunares, todavía no se sabe prácticamente nada.

9

En las entrañas de La Unión

Imagen 1

Un hombre se cubre el rostro con una siniestra máscara de payaso. Mira hacia su pie, el cual presiona contra el cuello de un joven tirado bocabajo. Una cinta adhesiva lo amordaza. Las manos y los pies descalzos, atados hacia la espalda. Hay un segundo hombre, también enmascarado, inclinado hacia la víctima. Hace el signo de amor y paz con los dedos mientras posa para la cámara. Es una habitación sin muebles, pintada de blanco, lo mismo que las baldosas sobre las que está el pecho desnudo del secuestrado.

Imagen 2

Es el mismo muchacho. Sigue bocabajo pero sólo una mejilla está contra el suelo. Puede verse su perfil y una expresión de angustia. A unos centímetros de él están tres pares de tenis, probablemente de otros como él que, ayer o antier, quién sabe, terminaron en ese mismo sitio, a merced de unos asesinos enmascarados.

Imagen 3

Ahora está completamente bocabajo. Su cabeza está envuelta en un trozo de polietileno. Debajo hay un charco de sangre que, debido a la escasa luz del lugar, parece un hoyo negro que crece y es cuestión de tiempo para que se trague el cuerpo.

Son fotografías sacadas del teléfono celular de Víctor Vázquez Alor, detenido a las 17:45 horas del 5 de agosto de 2018 en la clasemediera colonia Narvarte. Todo el contenido del celular está integrado en una indagatoria que la SSP entregó a la autoridad investigadora federal. En esa época poco o nada se conocía de este miembro de La Unión, pero los hallazgos en su teléfono sentaron las bases para conocer, desde adentro, a la facción del cártel que domina la distribución de drogas y la extorsión en antros, desde la Zona Rosa hasta Coapa, en la capital, y desde Satélite a Atizapán, en el Estado de México. Lo contenido allí también sirvió para ubicar a su jefe directo, El Pistache. Tener tanta información sensible en su celular era definitivamente algo inusual y, como era de esperarse, la cúpula del cártel nunca se lo perdonó. Imagina echar un vistazo a todas las fotografías, videos, contactos y mensajes de un cabecilla criminal que lo conservaba todo. Fue un tesoro siniestro tanto para los agentes de inteligencia de la policía que lo arrestaron como para el personal de la Subprocuraduría Especializada en Investigación de Delincuencia Organizada, donde recayó el análisis. Bajo el folio TPID2018132 se procesó la evidencia, incluso después de que un juez otorgara la libertad al Alor y éste continuara delinquiendo. El aparato era un Samsung S9 Plus, registrado con su nombre real.

Exactamente 46 minutos antes de ser detenido, Alor habló con su contacto "Abuelito Pistache", con quien a lo largo de ese día había tenido comunicación otras dos veces. Apenas fueron unos segundos e inmediatamente marcó a su contacto "Flowers", identificado luego como Alan Flores. Las autoridades extrajeron todo un historial de llamadas y cada uno de los números fue asociado con cuentas de WhatsApp y Facebook. De esta forma se fueron conociendo más rostros de los implicados en la célula. Había hombres y mujeres por igual, la mayoría jóvenes, con jerarquías, tareas y zonas de operación específicas. Alor administraba cuatro grupos de WhatsApp: "Cabezas Condesa", "Dormidos"; "Pedidos y Zonas" y "Sur". Él era el verdadero manejador detrás de todo lo que sucedía en los centros nocturnos de clase media y alta. Pistache era el jefe, luego Tiger y finalmente él. En la investigación se detalló que al Alor le entregaban las ganancias de la droga, los vehículos y armas asignadas para el fin de semana y un contador suyo anotaba cada detalle. Cada *dealer* solicitaba la cantidad que pretendía vender ya sea en las discotecas o a clientes conocidos contactados directamente. A los investigadores les sorprendió que fueran aproximadamente 100 los narcomenudistas al servicio del Alor, sin contar a los taxistas, valet parking, guardias de seguridad y hasta vendedores ambulantes que servían a la facción como *halcones* o vigilantes. Alor al parecer nadaba como pez en el agua en el reventón de los antros porque la había hecho de DJ, un pasatiempo muy próximo a ser sueño frustrado. Todos los que ahora en 2020 claman ser cabecillas de esta misma célula estaban bajo sus órdenes: Mitzuru, Osmar, Alexis, Bandido, Andrés Felipe alias *El Colocho* y Mark Varela. Entre el pelotón de tiradores de droga se encontraba José Emanuel Puebla León, *El Ovni*, prisionero procesado por el secuestro del estudiante Norberto Ronquillo, perpetrado el 4 de junio de 2019 y cuya muerte enardeció a la sociedad mexicana. ¿Qué tanto supo la cúpula del cártel sobre la participación del Ovni en el único delito que tenían prohibido? Más adelante lo veremos.

Alor no era un criminal violento, al menos no como Betito y su escuadrón de la muerte apostado en La Warner —como los de la U le decían a la colonia Guerrero— o en la laberíntica y gigantesca vecindad del 62 de Paraguay, en el Centro. De estatura promedio, complexión robusta, incipiente barba y tatuajes recientemente hechos, Alor lucía más como un joven de clase media que por alguna u otra razón desvió su camino hacia el hampa. Sus hermanos Chicho y Valeria lo seguían; esta última, menor que él, ya había sido capturada por posesión de drogas, pero ninguno de sus vecinos de la calle Esperanza, en la Narvarte, lo sospechaba. Alor no creció con necesidades económicas: en 2012 heredó un departamento en la calle Liverpool, colonia Juárez, el cual era rentado a extranjeros hasta que resultó dañado por el sismo del 19 de septiembre de 2017 en México. Alor controlaba, por un lado, las actividades criminales del ala fresa de La Unión y por el otro fungía como prestanombres. No se tiene muy claro cómo fue escalando en la mafia, sin embargo, tras revisar su teléfono no quedó duda de su alta jerarquía, probablemente recargada en su amistad con Pistache, otro amante de la música electrónica y la fiesta, quien antes de ser reclutado por La Unión ya presumía de un abundante séquito.

Video

De pie, un muchacho aprieta los músculos y los dientes para aguantar el dolor. Está inmovilizado de los pies al pecho con polietileno enrollado a su cuerpo y a una columna de concreto. Empieza la paliza, literal. Un hombre delgado, de pants y sudadera gris, barbado, le asesta varios golpes con el palo de una escoba. Pujidos, gritos sofocados, se ve cómo de la boca del joven escurre un hililo de saliva; el rictus bajo medieval suplicio. Otro palazo.

Dos.

Tres.

Uno más y el muchacho revienta en un grito. Cuando el palo se parte en la cabeza del muchacho, cesan los berridos. Su mirada queda extraviada, apenas balbucea algo indescifrable cuando la sangre desciende sobre su frente, pasa por su nariz y encuentra una oquedad donde alojarse en su boca semiabierta. En ese instante deja caer su cabeza sobre su pecho, desmayado.

Quien recibió la golpiza era apodado El Piña, *dealer* de Alor. Se trató de un castigo por supuestamente no entregar el dinero de la droga cuando debía. Al menos así lo escribió Alor luego de publicar la grabación en uno de los grupos de WhatsApp:

Eso va para los q pagan cuando quieren
para los q se enfiestan
y no saben ser responsables
Yo me drogo y chupo y pago cuando tengo q hacerlo
El que no me pague el domingo no le voy a recibir nada
el lunes
Esto no es un juego es un cártel
No están con cualquier persona les aviso que hoy lunes
quien no tenga las motos y los carros a la línea no le diré
nada lo voy a dejar ser
Pero cuando menos se lo esperen

Va la mía.
Y va para Mark e Iván ehhh les aviso pinches weyes faroles
Sienten q son aquellos y son más putos

¿Cuál habrá sido el destino de ese joven? Los mensajes posteriores sugieren que murió, pues "no respiraba ya", pero se antoja inaudito a menos que la tortura hubiese continuado. Otros subordinados del Alor sufrieron correctivos

196

semejantes, como El Bandido —a la postre su sucesor—, quien no pocas veces fue vituperado por indisciplinas o incluso tundido con burlas, debido a un padecimiento en la piel que deforma sus mejillas, casi como si fueran cicatrices de quemaduras. Le llamaban Cara de Puerca o Carapuerca. Cuentan que este individuo fue criado en un barrio bravo al oriente de la ciudad, pasando de fechorías menores a delitos violentos. Fue Pistache quien lo jaló a La Unión, pero al principio no era más que su mandadero, a quien solía llevar a las juntas del cártel para servir bebidas o abrir y cerrar puertas. Se dice que en una de esas reuniones se sentó junto al Pulga, quien bromeó con su padecimiento en la piel. Los siguientes meses fue ganando terreno y presuntamente participó en el asesinato de dos clientes del antro Blue Monkey, en Coapa, cuyos cuerpos aparecieron calcinados en diciembre de 2016 dentro de un coche en llamas en la colonia Olivar de los Padres, Álvaro Obregón, según la carpeta FTLP/TLP-4/UI-1C/D/2509/12-2016. Así, Bandido se fue ganando de a poco la confianza de Pistache y Tiger, presuntos autores intelectuales del doble homicidio, aunque todavía, hasta mediados de 2018, continuaba debajo de Alor. Entre los dos nació un sentimiento de antipatía, transformado en rencor del lado de Bandido, quien no dudó en ajustar cuentas apenas tuvo la oportunidad.

En los grupos de WhatsApp se compartía la ubicación de retenes policiales, se presentaba a los narcomenudistas recién reclutados e inclusive algunas notas periodísticas, en especial de dos reporteros. Llamó la atención la cantidad de droga que se movía cada fin de semana, pues el botín ascendía, en promedio, a poco más de un millón de pesos, lo cual representa al menos 4 millones al mes, sin contar el dinero de las extorsiones. Uno se pregunta cuánto dinero sucio podría generar este cártel si añadimos el Centro, Tepito —considerado el más grande tianguis de drogas del país—, tres municipios del Estado de México y los pagos que recibían de sus socios o tributarios en Azcapotzalco, Tláhuac, Iztacalco, Iztapalapa, Benito Juárez, Venustiano Carranza, Álvaro Obregón, Miguel Hidalgo y Cuauhtémoc. Ciertas autoridades podrían estimar esa cantidad, pero es más difícil estimar el flujo de dólares proveniente de Estados Unidos que llegó a las manos de El Abuelo. Con la información extraída del teléfono de Alor al menos había ya elementos para hacer cálculos. Una ventana, aunque pequeña, se abrió para indagar sus cuentas bancarias y a partir de eso escarbar en su red de lavado, cosa que todavía hoy es un rompecabezas. Y es que desde que El Betito jala las riendas del cártel, ninguna corporación policiaca había tenido en sus manos material tan revelador. Por supuesto, en muchos aspectos era similar a la manera de actuar de otros cárteles, no es que hubiera una novedad allí, pero hasta ese momento el día a día del grupo delictivo no era sino una conjetura. A partir del análisis del teléfono del Alor, al menos en lo que respecta a la facción encargada de los centros nocturnos de clase media, se adivinó su jerarquía, además de las identidades de sus componentes, sus números telefónicos, redes sociales, áreas de influencia y hasta unos cuantos domicilios. Lo más desconcertante es que en el aparato había numerosas fotografías que revelan crímenes no resueltos, víctimas desconocidas, cuerpos no recuperados.

Imagen 4

Una mano sostiene un documento de la Procuraduría capitalina, donde el Ministerio Público solicita al apoderado legal del bar Main Room dar acceso a sus cámaras de seguridad debido a una investigación por homicidio, expediente FAO/AO-3/UI-2C/D/00838/02-2018.

El oficio estaba en manos de La Unión, cuya foto fue compartida con varios de sus miembros. En el teléfono del Alor fueron encontradas imágenes de estados de cuenta y un contrato de AT&T a nombre de Jorge Alberto Noriega Mariñelarena, con domicilio fiscal en Iztacalco. Este sujeto presuntamente es abogado y prestanombres del Pistache, con lo cual el rastro que le seguían los federales y de inteligencia local se alimentaba dato tras dato.

Imagen 5

Un individuo enrollado con polietileno, desnudo de la cintura para arriba, se halla de pie frente a la cámara. Alguien le puso una máscara de payaso enojado y a sus pies una cobija extendida, donde fueron dispuestas 25 armas cortas y largas. Contra su sien izquierda está la boca de una pistola.

Imagen 6
A los pies de un sicario yace un hombre calvo, tendido bocabajo y maniatado. El piso es de parqué, la luz escasa. Quien
toma la gráfica sostiene el teléfono con la mano derecha y un
arma tipo escuadra con la izquierda.

Imagen 7
Dos hombres semidesnudos y amarrados de las manos aparecen en un baño. Uno está sentado en la regadera, con la
cabeza vencida sobre su pecho. El segundo yace a su lado,
bocarriba, la cabeza recargada en la loseta del muro. Un goteo
de sangre contrasta con el color lechoso del piso.

Imagen 8
Un treintón tatuado recarga la mitad de su cuerpo en una
pared cubierta con plástico negro. La sangre que puebla su
rostro está seca. Tiene los ojos cerrados, párpados tan hin-
chados que parecen tumores. El tabique nasal fracturado.
Labios reventados. No se sabe si está vivo o muerto.

En noviembre de 2018, poco menos de seis meses después de
ser arrestado, El Alor obtuvo su libertad tras pagar una fianza de 14 mil pesos. Su jefe, David García Ramírez, *El Pistache*, se encontraba ya en el Reclusorio Oriente junto con El
Betito. Ambos dirigían todo desde sus celdas al tiempo que
pasaban horas cavilando cómo fue que la ley dio con ellos,
si acaso había un traidor en el cártel, según consideró un

reportaje de Noticieros Televisa en febrero de 2020. Gracias a informantes que tenían en la policía, se enteraron de que El Alor no había tenido cuidado con lo que guardaba en su teléfono, que en éste había una foto de una tarjeta bancaria que conectó con una cuenta de Inbursa ligada al Pistache, donde caían cientos de depósitos de otra más grande a nombre de Publicidad Trento. Ésta a su vez era alimentada por otra cuenta más, registrada por una empresa de transportes. Se movían millones de pesos. De esa simple imagen en el teléfono del Alor surgieron las pistas para rastrear el camino del dinero producido ilegalmente por La Unión. De golpe, uno de los hombres de confianza de Pistache, ese que lucía como un tipo normal de la clase media, que deseaba ser DJ, fue sentenciado a muerte.

En mayo de 2019, a las 2:00 horas, recibió una llamada a su teléfono. Con base en la declaración de su novia, Estefanía, integrada en el expediente FIZP/IZP-4/UI-2S/D/1592/05-2019, el joven de 26 años de edad colgó e informó que era Toño. La pareja se alistaba para ir a un bar con unos amigos y mientras Estefanía se cambiaba de ropa, Alor salió del apartamento que rentaban en la colonia Jardines de Churubusco, en Iztapalapa. Videos de cámaras particulares lo captaron caminando despreocupadamente, hablando por su celular, hasta el punto donde se quedó de ver con Toño. Llevaba bermudas, playera y gorra oscura. El reloj marcó las 2:16 horas cuando se encontró con su asesino. Apenas cruzaron unas palabras cuando un resplandor rompió en la oscuridad: El Alor se desplomó inmediatamente, pero los balazos no cesaron. Su verdugo le pegó uno a quemarropa justo antes de inclinarse para recoger el teléfono de su víctima. Estaba muy claro: esta vez no caería en manos de la policía. Sin embargo, El Alor aún vivía. Tendido bocarriba luchaba por su vida. Se retorcía, estiraba y flexionaba las piernas en un reflejo de dolor e inclusive alzó la mano para pedir ayuda a un coche que se siguió de largo. En un momento intentó ponerse de pie, pero no lo consiguió. Segundos después una motocicleta con dos individuos se paró a su lado y el conductor, sin bajar del vehículo, le disparó nuevamente. Con la última detonación se acabó la agonía. La cámara siguió grabando el flotar de la noche, calurosa y fantasmal, hasta que unos 10 minutos más tarde arribó la primera patrulla.

De acuerdo con las indagatorias, el homicidio fue presuntamente ordenado por el propio Pistache a través de un muchacho apodado El Pibe, detenido en julio de ese 2019 y quien le servía como mensajero. Cuando la facción del Pistache se enteró del mandato, un hombre se propuso para cumplirlo: El Bandido. Como habíamos establecido en páginas anteriores, este hombre guardaba un puñado de rencores contra Alor porque aparentemente le había aplicado correctivos en más de una ocasión. Quizá El Bandido, que escapó del operativo en la colonia Narvarte la misma noche que cayó Pistache en Santa Fe, consideraba que los correctivos habían sido excesivos, aparte de las burlas que constantemente recibía de Alor por su enfermedad en la piel. Aparen-

202

temente fue él quien ajustó cuentas, junto con El Colocho, otro que huyó del operativo de la Marina porque lo mandaron por tacos y lo estaban despachando mientras todo sucedió. Naturalmente, asesinar a su exjefe los hizo ascender en el escalafón del cártel. El propio Bandido relató esto tras ser capturado por agentes de la Secretaría de Seguridad Ciudadana, en noviembre de 2019. Como era de esperarse, su nuevo puesto molestó a varios, pero más a un joven colombiano apodado El Guerrero, quien desertó del grupo y con la gente que tenía le declaró la guerra al Bandido y, por ende, a La Unión. El Guerrero es un muchacho de no más de 27 años de edad, *fitness* y con conexiones policiales, lo cual le ha permitido hacer frente al cártel en la zona de San Ángel, Coapa y Acoxpa, al sur de la capital. Se han dado tiroteos en antros desde entonces, como el de septiembre de 2019 en Foro San Ángel, donde fue ultimado El Woody, *dealer* de La Unión. Han aparecido cadáveres en la cajuela de automóviles, uno de ellos era un exrecluso colombiano con un par de meses de haber aterrizado en México. Ha habido arrestos, pero esta pugna que mantiene en vilo a los sureños sigue vigente.

El teléfono del Alor y los datos extraídos de ahí por la policía definitivamente permitieron echar un vistazo a las entrañas de la organización delictiva, arropada por un ejército de halcones que le avisaban de todo. Salieron a relucir empleados de valet parking, vendedores de dulces, de cigarros, de hot dogs, taxistas, gerentes de bares, DJ, boleteros, edecanes y hasta la propia clientela.

Información sacada de otro celular decomisado —extraída por las autoridades y presentada ante un juez como prueba, e inédita hasta este libro— expuso la participación de un miembro de La Unión en un secuestro, el único delito que no se permitía bajo ningún motivo desde que El Abuelo fundó el cártel en 2009. Se trata del secuestro de Norberto Ronquillo, un estudiante de arquitectura de 22 años de edad que la noche del 4 de junio de 2019 no volvió a casa. Luego de salir de clases fue interceptado en la alcaldía Tlalpan por varios hombres armados, obligado a bajar de su coche y meterse a otro, en el cual fue llevado a una casa de seguridad en Xochimilco. Cinco días más tarde su cuerpo fue hallado en un área boscosa de esa misma alcaldía, al extremo sur de la ciudad. El caso sacudió a la sociedad porque desenterró tragedias similares que ocurrieron entre 2007 y 2008: el secuestro de Fernando Martí, hijo del empresario Alejandro Martí, y los de Antonio Equihua y Silvia Vargas Escalera, hija de Nelson Vargas, exdirector de la Comisión Nacional del Deporte. Todos eran estudiantes muy jóvenes, igual que Norberto, que fue asfixiado aun cuando se pagó un rescate. Naturalmente hubo mucha atención mediática, las redes sociales estallaron y la indignación se multiplicó a nivel nacional. Esta vez no tardó en haber detenciones. Uno de los sospechosos se llama José Emanuel o José Manuel Puebla León, conocido como *El Ovni* o *El Puebla*. Las conversaciones de WhatsApp que tenía en su teléfono develaron dos cosas: era integrante de La Unión y los secuestradores de Norberto pudieron haber sido ayudados por servidores públicos de la entonces Procuraduría local. El portal de noticias *La Silla Rota* dio a conocer fragmentos de estas conversaciones el 3 de octubre de 2019, lo cual desencadenó una indagatoria todavía en curso. No obstante, otras charlas no publicadas hasta este libro, presentadas como indicio ante un juez, bajo el expediente judicial 12/541, expusieron que el propio Ovni admitía ser integrante del ala fresa del cártel, responsable del narcomenudeo, asesinatos y extorsiones en centros nocturnos desde Atizapán, en el Estado de México, hasta Coapa, en el lado opuesto de la zona metropolitana del Valle de México. Las charlas son con dos personas solamente identificadas como "Mono Pica Uva y "Farmas Poncho". Se entablaron antes y después del secuestro.

16 de mayo, 2019
Ovni: Ya me salí de la Unión amigo
Farmas Poncho: Mejor amigo
O: Salí bien pero obvio no puedo pararme en bares y antros
FP: Por qué?
O: Pues así son las reglas de la "empresa"
FP: Perfecto
O: Pero guarda mi número, muy pocos lo tienen y no se lo des a nadie, por fa
Y te encargo el Alprazolam mi hermano, por fa

19 y 22 de junio, 2019
Mono Pica Uva: Que el Osmar me anda busque y busque
Que anda pregunte y pregunte por mi
A Selene
Ovni: Sí, pobre morro, la neta
Ya salió?
No, ni salgas y menos si ya te habló Osmar
MP: Sí we vale verga
No, de pendejo
Voy a ir a reforma mejor

En otro chat, El Ovni acepta participar en el secuestro de Norberto. La persona con la que se escribió no ha sido identificada.

16 de mayo, 2019
El Ovni: Hay tiro
Deben 700, pedimos un melón [millón]
No identificado: Qué pasó
Cómo a ver cuéntame
O: Hay que secues…
Nos lo ponen y todo
NI: ¿Dónde guardarlo y todo?
O: Sí we
NI: Ok va
O: Si no en la noche te veo y vamos a cenar y Ku platicando (sic)
NI: Va

El Ovni fue arrestado el 20 de julio de ese año y desde esa fecha está encarcelado y bajo proceso dentro de un área de seguridad para evitar un atentado. El "Osmar" que aparece en sus conversaciones es Osmar Flores Díaz, cabecilla de La Unión dentro de la célula del Pistache. Fue detenido en mayo de 2019 en Polanco y no salió libre sino hasta agosto de ese año, por lo cual no fue vinculado al secuestro de Norberto, pero sí Mono Pica Uva y El Ovni, los cuales eran *dealers* bajo su cargo. En fotografías que circularon por redes sociales se observa al Ovni y al Mitzuru, otro líder de la facción en libertad, conviviendo en un antro al sur de la ciudad. Soplones de la policía aseguraron que, al enterarse del secuestro y la sospecha sobre dos de sus *dealers*, la cúpula del cártel ordenó destapar al responsable de permitir que se rompiera una regla tan importante. Todo apuntaba al Osmar, a quien le advirtieron: "O matas a esos pendejos o te vamos a matar a ti". Desde prisión, El Osmar intentó localizar a Mono Pica Uva y al Ovni sin éxito. Para cuando retornó a las calles, este último ya había sido detenido. Al Osmar no le alcanzó el tiempo para ubicar a Mono Pica Uva pues fue recapturado en enero de 2020 para, ahora sí, cumplir con una condena de tres años por extorsión al dueño de un bar. Como su exjefe, El Alor, parece que El Osmar se convirtió también en *persona non grata* dentro del cártel.

10

Caja negra

En uno de los muros salta a la vista la imagen de un macho cabrío. Es una pintura que abarca toda la pared, la única que no es roja en ese amplio cuarto levantado al fondo de la vivienda. Alineadas bajo la imagen de Satanás, a todo lo largo del muro, hay ollas de barro que contienen palos cuyas puntas son de diferentes colores. En la religión yoruba se les llama "prendas". En este lugar se han hecho sacrificios humanos: hay huesos, cráneos, dientes y cabello. Del piso grisáceo sobresalen manchas de sangre seca, tan seca que se volvió parte del cemento. Se amontonan cráneos y huesos por igual, algunos colocados al pie de una cruz de madera, en cuya parte más alta fue colgada una pieza de cerámica. Se trata de la cabeza de un demonio pintado de negro que expone sus afilados colmillos y ojos desorbitados. Por todas partes hay collares, cuernos, dagas y vasijas por donde la sangre escurrida quedó petrificada.

Se siente una asfixia de ataúd.

Una de las cosas que más aterra son las máscaras empaladas por las cuencas oculares en una maceta. Están manchadas de sangre seca también. Unas tienen gestos amenazantes, otras sonríen y una posee un rostro blanco sin ninguna expresión. Es la más oscura de todas. Lo que pudo ocurrir aquí invade el pensamiento, lo ennegrece, siembra imágenes intermitentes de violencia y locura. El altar principal es una barbarie de cráneos en los que aún hay pedazos de piel descompuesta. Los que se entregaron al Sabbat o rogaron por protección a Ochosi debieron embadurnarse de la sangre de sus víctimas, aquí mismo, en este templo del sufrimiento.

Aquel cuarto era usado por Óscar Andrés Flores Ramírez, *El Lunares*, socio de La Unión, para llevar a cabo rituales y posibles sacrificios humanos, según se asienta en la carpeta FI-FCIN/ACD/UI-1C/D/0938/10-2019. Allí fueron recogidos 27 dientes, 35 mandíbulas, 36 cráneos y 32 huesos, los cuales hasta hoy no se sabe a quién pertenecieron. Todo fue descubierto la madrugada del 24 de octubre de 2019 tras un mega operativo en el 33 de la calle Peralvillo, en el corazón de Tepito. El objetivo era detener al Lunares, amo y señor de la mitad del barrio desde que se alió con El Betito, pero ya no estaba en el lugar cuando fue cercado por cientos de policías y marinos. Esa vecindad era en realidad una suerte de búnker, donde se almacenaba droga, armamento, dinero y se montó un narcolaboratorio para procesar metanfetaminas. Aunque por fuera no logra apreciarse, el predio es enorme, y sobre él se construyeron decenas de viviendas, pasadizos y hasta breves túneles que servían como vías de escape hacia otros apartamentos. No se había visto algo similar en Ciudad de México y, en automático, El Lunares se convirtió en objetivo fundamental de las fuerzas policiacas, hasta que fue aprehendido el 31 de enero de 2020, al momento de abordar un Mercedes-Benz blanco. Recién había salido de una pequeña casa de interés social que rentaba en Tolcayuca, Hidalgo, una pequeña localidad no muy lejos de la frontera con el Estado de México. Lunares había optado por un bajo perfil luego de pasearse por Tepito en *boogies* y automóviles deportivos, saludando a diestra y siniestra, incluyendo policías del sector Morelos y detectives de la Fiscalía Cuauhtémoc, según documentó el portal noticioso *La Silla Rota* con videos del centro de monitoreo gubernamental.

Este "nuevo capo" es relevante por la fortuna que amasó gracias al apoderamiento ilegal de predios y el tráfico de estupefacientes, no sólo en el Barrio Bravo y sus alrededores, sino en el Estado de México, principalmente en los municipios de Tlalnepantla y Ecatepec. Fue justo en esta entidad donde, casi dos semanas antes del megaoperativo en Peralvillo 33, dos primos suyos y un secuaz fueron encontrados sin vida dentro de un Golf GTI blanco. Los presuntos responsables, según se comentó en el portal lopezdoriga.com,[11] fueron pistoleros del Tortas y su Anti-Unión, enterados de que la alianza entre Lunares y El Betito iba en serio. La guerra entre La Unión y El Tortas no ha terminado y en cuanto los nuevos enemigos del Lunares detectaron a sus primos en Garibaldi, territorio del Tortas, recibieron la instrucción de secuestrarlos y eliminarlos. Si hay guerra entre dos grupos violentos, ningún miembro puede pisar los terrenos del otro, así de fácil. Los primos de Lunares no estaban en Garibaldi por casualidad. Ahora bien, su lugar de operación era Ecatepec y Tlalnepantla, donde Lunares y La Unión se mueven a sus anchas desde 2018. Hubo un puñado de hallazgos de cadáveres con mensajes firmados por Fuerza Anti-Unión en Ecatepec, el municipio con mayor densidad poblacional del país. Autoridades mexiquenses alegaron que solamente abandonaban los cadáveres en la entidad para complicar las pesquisas, pues los secuestros se daban en la capital, cosa que en ciertos casos es verdad, pero no en éste. La Unión se extendió a Ecatepec, Tlalnepantla, Atizapán y Naucalpan, donde ya controlaban la venta de droga en la zona de antros y Satélite, hecho que hacia afuera se minimizaba, pero hacia adentro preocupaba. No es que el Estado de México no haya tenido cárteles antes; en su territorio reposaban como sultanes o peleaban los Beltrán Leyva, Los Zetas, la Familia Michoacana, Caba-

---

[11] https://lopezdoriga.com/nacional/localizan-cuerpos-de-3-colaboradores-de-el-lunares-lider-de-la-union-tepito/.

lleros Templarios y recientemente el Cártel Jalisco Nueva Generación. El problema es que La Unión es un cártel chilango y eso incomoda, pues no hay manera de pretextar que son invasores, fuereños o que andan de paso. Son criminales curtidos en la capital, esa que los gobernantes presumían como la única ciudad blindada ante el narco; son traficantes que vieron crecer su poder ante el amparo, indiferencia o incompetencia de autoridades de todos los niveles. Un nuevo "jugador" surgido en casa provoca escozor y es lo que sucede en terruños mexiquenses. Por esto mismo sorprendió que Lunares fuera detenido en Hidalgo y anteriormente El Osmar en Querétaro. Es claro que salen de su zona de confort básicamente para eludir órdenes de arresto y a policías mercenarios que ansían ubicarlos con el único propósito de *bailarlos*, es decir, exigir dinero a cambio de su libertad, pero El Lunares ya había tendido puentes a Hidalgo para el acopio de armas y el trasiego de droga. Hidalgo es una entidad históricamente disputada entre Los Zetas y el Cártel del Golfo. Existe, por cierto, una conexión, aún confusa, entre Los Zetas y La Unión, a través de quien fuera su primer líder operativo, Ricardo López Castillo, *El Moco*, expolicía judicial federal, corrompido por Los Zetas en Tamaulipas y transformado en su representante en la capital mexicana y el Estado de México.

Informantes de agentes federales revelaron, en los albores de La Unión, que El Moco era muy cercano a un zeta apodado El Oso, asentado en Plaza del Carmen, que servía como intermediario ante Ezequiel Cárdenas Guillén, *Tony Tormenta*, para que los cargamentos de droga del Abuelo pasaran por Tamaulipas después del abatimiento de Arturo Beltrán Leyva, principal intermediario de Los Zetas. Esos nexos posiblemente facilitaron también que los exintegrantes del Grupo Aeromóvil de Fuerzas Especiales del Ejército (gafes) liberaran al Bebé, hijo menor del Abuelo, tras ser secuestrado en Cancún en 2017 y que estuvo a punto de desatar una feroz batalla en Quintana Roo. Los investigadores capitalinos consideran que El Lunares comenzó a abrir una ruta para meter cocaína hacia Estados Unidos a través de Tamaulipas, por lo cual su probable vínculo con Los Zetas, incluso en Hidalgo, se ha vuelto tema de investigación no sólo para la Fiscalía capitalina, sino para el gobierno federal. De comprobarse, el poder del Betito, mandamás del cártel chilango, aceleraría su crecimiento, como ha venido documentándose los últimos años, más aún cuando desde 2018 posee una ruta para importar cocaína de Colombia.

Todo esto es novedad entre las fuerzas policiacas, cuyos dirigentes constantemente reciben instrucciones de dar golpes mediáticos en lugar de atacar la raíz del fenómeno. ¿Cómo pudo haber nacido un cártel en Ciudad de México? ¿Cómo puede seguir operando tras 11 años? Y, por si fuera poco, ¿quiénes permitieron que aparte de surgir en las narices de dos presidencias, una panista y otra priista, se expandiera a otras entidades? Las cifras son escalofriantes: en 2008, año anterior al surgimiento de La Unión, Ciudad de México registró 911 homicidios dolosos, una tasa de 9 asesinatos por cada 100 mil habitantes, mientras que en 2019 hubo mil 504, con una tasa de 17.16, de acuerdo con estadísticas del Secretariado Ejecutivo del Sistema Nacional de Seguridad Pública.

La Unión y sus pugnas a lo largo del valle chilango no son el único factor de crecimiento, pero sí uno de los principales. De igual forma son inquietantes las incontables víctimas de las que no se sabe nada. ¿Quiénes eran esas víctimas que se sospecha fueron sacrificadas en el búnker de Peralvillo 33, en Tepito? Se ignora. Colaboradores del Lunares en prisión han externado a los investigadores que hubo muchos hombres asesinados dentro de ese aterrador cuarto, no tienen idea de cuántos, aunque también se cree que parte de los restos pudieron haber sido exhumados ilegalmente de panteones. Los ritos se le achacan al santero del Lunares, un hombre obeso de tez morena y mirada hosca, identificado como El Niño Problema, capturado días después que su patrón. Será lento y colosal el proceso de identificación de todos esos huesos, pero mientras tanto esas muertes no son sino cifra negra para un delito que solía no tenerla, el homicidio doloso.

Mientras tanto, José Alberto Maldonado López, *El Betito*, dirige todo desde el Reclusorio Oriente. Afuera, según informes del Cisen, todos cumplen sus designios y muchos grupos delictivos, familias que no estaban en el radar de las autoridades, que antes no se consideraban de alto riesgo lo son ahora debido a los nexos con La Unión, como los López Martínez, conocidos en la colonia Guerrero como Los Kilos, cuyo líder, Héctor Hugo López Martínez, fue esposo de María Guadalupe Verónica, una de las hermanas del jefe de La Unión. López Martínez murió el 9 de febrero de 2009 por asfixia por ahorcamiento, pero hasta 2018 María Guadalupe seguía usando un coche a su nombre. Hoy en día Mario Javier, *El Kilo*, encabeza esta célula, junto con sus hermanos Ana Yadira y Christian Jovanni, sentenciado en 2011 por robo calificado, pero de vuelta en las calles al purgar su pena.

La invasión de predios tiene muchas ramificaciones, muchas complicidades, nombres y asociaciones apócrifas que son usadas para tapar un sinfín de ilícitos, pero según investigaciones de la Fiscalía capitalina, esto es orquestado por Rosana Patricia, hermana del Betito, a través de una asociación civil denominada Líderes GAP. Se estima que La Unión se ha apropiado de por lo menos 50 inmuebles en la capital mexicana y el Estado de México, incluyendo el hotel Camelia, en la Guerrero.

"Inspiramos vidas, creando líderes plenos, amorosos y libres", es el lema de Líderes GAP, acorde con su página de Facebook.

En el informe "Organización invasora de inmuebles en la colonia Guerrero de Ciudad de México", elaborado en 2018 por el gobierno federal, se detalla:

Se observa a un masculino entrando al inmueble (el 88 de la calle Camelia, en la Guerrero), donde las cortinas permanecen cerradas. El vehículo con placas del Estado de México está estacionado a las afueras y tiene como propietarios a Ricardo Carpintero Maza, cuñado del Betito. Rosana Patricia Maldonado López es dirigente de la organización y hermana del Betito, ella es quien hace uso particular de este vehículo.

Dicho domicilio es utilizado para la realización de juntas con las personas que habitan los inmuebles invadidos por esta organización; se reúnen para ejercer el pago de renta, exponer temas como medidas de seguridad y jornadas de limpieza en los inmuebles. La dirigente es Rosana Patricia Maldonado López, hermana del Betito, a quien se observa dirigiendo la junta.

A pesar de estas informaciones, la instancia responsable de recuperar inmuebles tomados ilegalmente es la Fiscalía local que, si bien ha devuelto a sus dueños cientos de predios, no ha podido hacerlo con los que La Unión —o El Tortas— ha tomado. El propio José Arturo, hermano del Betito y vecino de celda, tenía su credencial del INE con domicilio en la colonia San Jerónimo, en Monterrey, Nuevo León, mientras el otro hermano, Ramón y quien compurgó una condena de ocho años en el Reclusorio Norte, liberado en 2008, posee varios otros inmuebles, incluyendo uno donde levantó una miscelánea con su nombre. La Anti-Unión sigue por la misma tónica, pero sin el poder de expansión de sus enemigos, pese a las especulaciones sobre una posible alianza con el Cártel Jalisco Nueva Generación. El Tortas está preso en el Reclusorio Sur, mientras sus abogados lidian con una denuncia penal por fraude, luego de que el propietario de la mansión que rentaba en el exclusivo fraccionamiento Tlalpuente, al sur de la capital, lo acusara de engañarlo respecto de su identidad. El padre del Tortas, José Jorge Flores Galicia, fue detenido el 5 de diciembre de 2019 en la colonia Buenavista por policías de Investigación, los cuales aparentemente buscaban extorsionarlo, pero una cuadrilla de uniformados de la Secretaría de Seguridad Ciudadana llegó a apoyarlo y la cosa se les volteó a los detectives, señalados por intento de extorsión. Los días siguientes, la pareja de agentes estuvo bajo arresto, afortunadamente para ellos solamente se les fincaron responsabilidades por cohecho, pues el papá del jefe de La Anti-Unión no quiso seguir con el proceso penal. Estas situaciones transcurrían en medio de una creciente tensión en las cárceles chilangas, debido al buen número de integrantes de La Unión y sus némesis que fueron puestos tras los barrotes. Empezaron agresiones entre ellos, atentados y amenazas contra custodios del Reclusorio Oriente, principalmente, por lo cual se determinó sacar a 140 mafiosos de ambas organizaciones y trasladarlos a diferentes prisiones del país. Previsiblemente, esta acción no alcanzó al Betito, Pistache ni Lunares, tampoco al Tortas o El Cabezas ni algún otro alfil de calado.

En libertad, el principal objetivo de las autoridades es Uriel Flores Conchas, hermano del Tortas, de 25 años de edad y con sólo una averiguación a sus espaldas, la FAM/57/T1/1831/12-11, iniciada en noviembre de 2012 y desechada el 22 de febrero de 2013. No hay precisiones sobre qué papel está jugando en La Anti-Unión, pero es un hecho que se aferra a un bajo perfil y hasta ahora no hay ningún mandamiento judicial en su contra. Otras piezas de este grupo delictivo son Jesús Jorge, *El Chucho*, avecindado en Chalco, Estado de México; Ramón Ornelas, quien hasta 2018 estaba en el Reclusorio Norte y Daniel Salgado, supuesto representante del Tortas en dicha prisión.

A lo largo de este libro, de 11 años violentos, hemos mencionado un sinnúmero de personajes ligados a la mafia, pero sólo unos pocos han sido sentenciados por sus acciones, o han sido siquiera imputados. En la caja negra, sin embargo, quedan registros de quienes se condenaron a sí mismos, como un joven *dealer* que eligió un 28 de enero de 2019 y un cuarto de hotel como destino final.

Nadia es una joven que creció en una villa pobre de Buenos Aires, Argentina. Hincha del club Racing, solía jugar futbol en una liga amateur donde había apuestas. Así pudo costearse una depilación permanente y un tratamiento dental. A mediados de 2017 hizo su maleta, sin muchas cosas, y le dio un beso a su mamá.

—Chao, vieja, me voy para Canadá —le informó, así como si cualquier cosa. Las frías tierras de Vancouver y un empleo como maestra de español era lo que jalaba fuera del hogar, con sus cuatro hermanos hombres, una hermana menor y aquella viuda que solía ser enfermera hasta que la artritis la derrotó. Tres de sus hijos varones estaban en prisión por *pavadas*, como Nadia califica los errores que llevaron a sus seres queridos a permanecer tras las rejas. Uno golpeó a un vecino porque supuestamente se metió con su esposa y lo dejó lisiado, así nomás, condenado a ocho años de cárcel. Otro era *motochorro*, es decir, asaltaba en motoneta. Lo arrestaron luego de atracar a un automovilista en un antiguo crucero de tren que quedó a mitad de la calle. El problema no fue tanto el robo, sino que el hermano de Nadia disparó a los policías para evitar, sin éxito, su captura. Alguien tenía que salir de esa inercia, alguien debía sacar a flote a su madre y Nadia se propuso hacerlo. Su mejor amiga se lo había propuesto, tenía un novio que se había ido a Canadá seis meses atrás, pero allá no llegaron nunca.

La piba me dice que nos quedemos unos días en México, que conocía a unos pibes que la estaban rompiendo y que nos iban a llevar a conocer, y yo por idiota me la creo; había escuchado que en México había laburo y pensé que podía ahorrar un guita por si se demoraba mucho lo del laburo en Canadá, pero nada, por idiota yo acepto y mirame que acá estoy, ya pasaron más de dos años.

La amiga que le prometió pasarla de lujo antes de volar a Canadá no mintió. Le presentó a unos jóvenes que aven-

taban dinero al aire, engreídos, afectos a la música electrónica y a meterse éxtasis. Lo que no le advirtió es que eran
mañosos, que andaban armados. Hubo viajes a Acapulco, a
Cuernavaca y uno que recuerda particularmente a Cancún,
todo pagado por estos nuevos "amigos" a los cuales, eso sí,
jamás entregó su entera confianza. Nadia había oído muchas
cosas de México, especialmente de mujeres argentinas que
regresaban a la patria en un ataúd, pero cuando dejó atrás
el Caribe y no volvió a ver a esos hombres se sintió aliviada.

Vos podrás decirme: "Y, pero ¿por qué te fuiste con ésos, si
habías oído lo que habías oído?" Lo mismo pensé yo, de mí
misma, pero en ese momento tenía mucho sufrimiento por mis
hermanos, por mi vieja, que estaba buscando un escape y mirá
que uno se quisiera escapar de una misma, pero a la joda, la
playa, ¡yo jamás había visto el mar! Éramos cuatro pibas y este
gil lanzaba billetes al aire. Allí tenés a todas gateando en pelotas, haciendo un quilombo. Fueron sólo dos días y nos regre-
saron a todas en avión, al D. F., incluyendo a mi amiga, que
me decía fuera más turra para que me compraran una bolsa
Louis Vuitton y yo, dale, dale, pero nada, a veces sí me acor-
daba del miedo que me daba todo esto.

Resultó que lo de Canadá era una farsa. A su amiga no
la esperaba el mentado novio: habían cortado hacía poco, él
se fue allá y lo extrañaba. Se lo confesó tras una borrache-
ra en un cuarto de hotel. Por alguna razón, esa revelación

221

no sorprendió a Nadia. La que vino después sí que lo hizo: su amiga estaba embarazada. Le urgía dinero y alguien, una conocida, la convenció de venir a México a "putear", así, esa fue la expresión que le soltaron y que ahora salía de su boca frente a Nadia. El pavor que tenía de viajar sola a México la orilló a mentir, a embarcar a su mejor amiga a través de la bruma y el peligro. Al menos eso fue lo que le dijo. Podría adivinarse que la amistad acabó allí, pero no. Las dos juraron cuidarse mutuamente y ver la manera de hacer dinero y regresar a Argentina lo antes posible. No pasó demasiado tiempo cuando decidieron anunciarse como *escorts* en la página La Boutique VIP. Transcurrió más de un año y las dos seguían en México, en la capital. A finales del 2018 sus vidas se cruzaron con las de un joven de 26 años de edad que se presentó como Mark. Se trataba de Mark Varela o Héctor Méndez, presunto narcomenudista al servicio de La Unión, del grupo de Pistache.

Nadia hace memoria, le cuesta trabajo, pero afirma que fue en la discoteca Clinton, de la colonia Roma, donde le presentaron a Mark. Su amiga lo anunció como un pibe que tenía tatuajes y se juntaba con malandros, pero que en el fondo era bueno, casi como un niño que no está plenamente consciente de su vida, una que se le estaba yendo por el caño. La mayoría de los que rodeaban a Mark eran meseros, cadeneros, barristas del club de futbol América o *dealers* de La Unión que lo reclutaron a través de Víctor Vázquez Alor, quien cada que podía le recordaba lo farol que era por presumir sus tatuajes y estilo de vida de *rockstar* en Facebook. De sobra sabía que Alor, pese haber sido el que le presentó al Pistache y lo metió a la clica, no le perdonaría ni un error. Una vez le escribió en un grupo de WhatsApp: "Y va para Mark e Iván ehhh les aviso pinches weyes faroles. Sienten q son aquellos y son más putos" (sic). No era sino una primera advertencia de que, si Mark seguía enfiestando hasta quedar inconsciente, ajeno de sus obligaciones con el cártel, lo iban a *demandar*, que en el caló de La Unión significa matar.

Quizá fuese la presión, las cosas que vivió, lidiar con el sufrimiento ajeno y con sus propios monstruos, pero Mark se hundía cada día que pasaba. Era adicto a toda clase de drogas, pero sobre todo al alcohol; el ambiente en el que flotaba lo iba consumiendo como un cigarrillo postrado sobre las cenizas de otros iguales. Esa noche en el Clinton, Mark y Nadia bailaron, bebieron y se drogaron hasta el punto de que su amiga tuvo que sacarla a rastras de un apartamento donde la luz les quemó los párpados, a las 13:00 horas del día siguiente. Como pudieron, montaron un taxi y enfilaron al hotel, pidieron unas hamburguesas y volvieron a dormir. Días después, su amiga recibió un mensaje de Mark, quien invitaba a ambas a salir por la noche. A cada una les iba a dar 9 mil pesos por la noche, además de que por su cuenta corría el perico y el alcohol. Era casi la mañana del domingo 27 de enero cuando Mark y un individuo que lo escoltaba decidieron salir del *after* donde estaban los cuatro para lanzarse al hotel Senador, ubicado en la céntrica colonia Doctores. A Nadia y su amiga les pareció que había algo raro. Mark lucía nervioso, fastidiado, o algo que no externaba. En el trayecto en taxi estuvo clavado en su celular, sin entretenerse con algo en específico. Sólo lo desbloqueaba y bloqueaba como si esperara una llamada o un mensaje. Pese a todo, los cuatro compraron cerveza, arribaron al hotel y ocuparon una habitación mientras afuera el sol ya había despuntado.

El pibe le dice a mi amiga que quién era la mujer que había traído, o sea yo, y se ríe porque piensa que me está cargando, pero lo decía en serio, el gil estaba muy mal, no reconocía, decía que me iba a sacar de ahí. Yo pensé, ya está, dejemos la joda para otro día, pero de debajo de una almohada sacó una pistola y me apuntó, no se le entendía nada, el pibe se veía mal, muy mal, yo estaba segura de que se le iba a ir un tiro.

El teléfono de Mark no paraba de timbrar. Una y otra vez, hasta que resolvió por apagarlo. Echó un largo trago a su cerveza y propuso jugar a la ruleta rusa. Todos en la habitación se congelaron. No era el típico Mark alivianado que iba y venía en la discoteca, con su rostro agradable, cabello corto, complexión atlética y tatuajes. Tenía una cara de niño que no le encaja a un malandro. Esa mañana les advirtió a todos que quería jugar porque se quería morir. Su escolta le repetía: "Ya, carnal, aliviánate", pero de pronto se sacó su playera y miró fijamente su pistola, una escuadra con cachas doradas. Segundos después escupió:

—¡Órale, culeros! ¿O les da culo?

Nadie atinó en otra cosa más que evadir su mirada. El silencio se apoderó del lugar, incluso cuando Mark alzó su brazo derecho con el arma empuñada y puso el cañón sobre su cabeza. Sudaba y se le veía perdido, de sí, de todo.

—Yo empiezo —dijo.

Entonces jaló del gatillo.

Su cuerpo quedó ahí recostado, sobre una mancha de sangre que crecía sobre lo blanquísimo de la almohada. En unos cuantos instantes la habitación se vació. Nadia y su amiga abandonaron el hotel y lo último que observaron fue al acompañante de Mark quedarse afuera del Senador, de pie, hablando por teléfono. En la prensa se publicó que Mark Varela, un *dealer* y extorsionador de La Unión, había sido hallado muerto en esa habitación, mientras entre los investigadores de la policía se afirmaba que se había disparado accidentalmente, aunque para Nadia está muy claro que ese juego nada más fue el pretexto para acabar, de una vez por todas, con los demonios que lo comían desde adentro.

La historia de La Unión y sus contrincantes se sigue escribiendo. Apenas el Instituto Federal de Acceso a la Información aceptó un recurso de revisión para que las dependencias de seguridad informen sobre el número de asesinatos ligados al narcotráfico que se han perpetrado desde 2006, con lo cual podría estimarse cuántas víctimas, al menos las que cuentan las autoridades, ha habido en el Valle de México desde que surgió La Unión, el cártel chilango. Sin embargo, más que números, cada una de ellas es una historia, una vida que en algún momento tuvo luz propia y que por alguna u otra razón se apagó en el infierno del narco. También hay víctimas que escapan a ese registro, que no son visibles, que están en el limbo. Para las autoridades esas víctimas están desaparecidas, no son sino un caso más, un expediente en el archivo, pero para quienes las siguen buscando son todo el amor que tuvieron y que algún día anhelan recuperar.

De niña, Atzin quería ser bailarina de ballet. Conforme creció le dejó de gustar el ballet, pero no el baile. Se crio sola con su madre, eran ellas dos y hasta les sobraba. Con el tiempo, a Atzin se le fue pegando el carácter recio de su mamá, María de Jesús Molina Salinas, cuyos apellidos lleva la muchacha para reafirmar que son ellas dos en el mundo o contra él, depende el caso. María de Jesús la hizo de madre, padre y amiga, hasta donde su absorbente trabajo como abogada penalista lo permitió, mientras Atzin se graduaba en 2018 del Centro de Educación Artística Frida Kahlo. Después vinieron las clases de inglés, la obsesión por el gimnasio y el sueño de ir a estudiar actuación a Los Ángeles. A la hora de la cena era cuando ambas desmenuzaban su día y platicaban del futuro.

Atzin es alta, casi 1.70, de tez morena clara, cejas pobladas bien delineadas; cabello un poco por debajo del hombro y lacio, pero quienes la conocen saben que su sonrisa es su mejor carta de presentación No pocas veces sirvió como artilugio para suavizar un regaño o eludir un sermón. Basta observar las fotografías del soleado día en que se graduó para imaginar que Atzin suele sonreír a la menor provocación. Luce despampanante, con esa blusa gris con cuello y mangas hasta los codos, una ajustada falda del mismo color y tacones blancos, aunque sin ese aire arrogante que usualmente acompaña una figura de gimnasio. Aun así, su sonrisa la delata: es la niña de mamá y lo será siempre.

El día que Atzin desapareció, ella esperaba a María de Jesús para cenar juntas, pero el tráfico retrasó a su mamá y la muchacha de 19 años de edad tuvo que adelantarse. Salió de su casa y se dirigió a Ecatepec a alistarse para el concierto de ese 8 de febrero de 2018, donde trabajó como bailarina. Eran ellas dos y nadie más, toda la vida. Y así eran felices. Esa noche se escribieron, se amaron, como siempre.

Atzin: Gracias mami por ir a comprar comida
¡Te amo!
María de Jesús: Bailas bonito ¡cuídate mucho!
A: Sí mami
MJ: Ok. ¡Cuídate mi niña!
Eres mi vida, ¡te amo!

En el concierto:

Atzin le manda una foto sobre el escenario, con el can-
tante Jamsha y otras bailarinas.
MJ: Muy bien, hija
A: Sí mami, falta la mitad del show ya casi
MJ: Aquí te espero para que me cuentes
¡Te amo!!!!!

Epílogo

La mañana del 26 de junio de 2020 sucedió lo impensable: una treintena de hombres emboscaron al secretario de Seguridad Ciudadana capitalino, Omar García Harfuch, en una de las zonas más adineradas del país, Lomas de Chapultepec. Salvó la vida; sin embargo, dos de sus escoltas murieron, lo mismo que Gabriela Gómez, una madre de 26 años de edad que junto con su familia quedó en medio del fuego cruzado.

En Ciudad de México no había ocurrido un atentado contra el máximo representante de la policía. Las cámaras del Gobierno lo captaron todo: a las 3:44 hrs., una camioneta Suburban era seguida por una de redilas con unos 20 individuos encapuchados. Habían salido de una bodega ubicada al norte de la ciudad y enfilaban a Paseo de la Reforma, la avenida más representativa e importante de la capital. Los asesinos conocían bien la ruta del secretario y su comitiva. Se cree que alguien dentro de la propia Secretaría de Seguridad Ciudadana proporcionó dicha información en tiempo real, probablemente a través del canal de radiocomunicación policial, donde se actualiza la k6 y k1 del secretario, es decir, la ubicación y ruta, respectivamente, que toma el vehículo oficial. Aunque esto es reservado sólo para mandos, el círculo de personas que tienen acceso al mismo no es lo suficientemente cerrado.

Así, a las 6:30 hrs., un vehículo le cerró el paso a la camioneta del secretario (vehículo que contaba con un blindaje sumamente resistente) y de la camioneta de redilas bajaron los pistoleros y abrieron fuego. Otros lo hicieron de pie, desde la caja del vehículo. Tronaron los rifles de asalto y hasta una ametralladora calibre .50, utilizada en guerras en Medio Oriente o África. Apenas clareaba en las Lomas, zona de alta plusvalía, llena de mansiones y embajadas, pero ya iban y venían automóviles y unidades de transporte público. Las cámaras captaron los destellos de las ráfagas. Uno tras otro. Los guardaespaldas de Omar García respondieron, pero el ataque era incesante y dos cayeron. Fueron apenas un par de minutos que pesaron como siglos para el titular de la policía más numerosa en el país, con cerca de 30 mil elementos. Bien se puede estimar la magnitud del ataque observando los más de 400 casquillos percutidos que estaban regados alrededor. Si no fuera porque la ametralladora calibre .50 se atascó, el blindaje de la camioneta oficial no hubiera resistido más.

Cuando los gatilleros huyeron, pensando que sus objetivos habían sido eliminados, Omar García pudo ser trasladado a un hospital. Los asesinos habían previsto que esto podría ocurrir y habilitaron una falsa ambulancia donde rematarían al jefe policiaco. Esto no ocurrió porque al lugar acudieron cientos de uniformados, los cuales pusieron a salvo a García Harfuch, lo sacaron del sitio en una patrulla e incluso lograron arrestar a 12 sospechosos, todos equipados con armas largas y chalecos balísticos. Algunos fueron detenidos fuera de la capital, como dos que escapaban a bordo de un Jetta que avanzaba por Atlacomulco, Estado de México. Eran dos de los que presuntamente habían estado siguiendo a García Harfuch al menos una semana antes. Vigilaron su casa en el mismo automóvil en el que pretendieron desaparecer del mapa. A lo largo de ese día hubo reuniones de emergencia, mensajes de la jefa de Gobierno, Claudia Sheinbaum y redadas. La más importante tuvo lugar por la tarde en Tláhuac, donde este autor reporteó en el lugar de los hechos el arresto más significativo hasta ahora, el de José Armando Briseño de Los Santos, *El Vaca*, señalado como autor intelectual del atentado.

Pero ¿quién está detrás de todo? El propio Omar García, a través de su equipo de trabajo, lo tuiteó horas después: el Cártel Jalisco Nueva Generación. Efectivamente, El Vaca fungía como jefe de sicarios en Tonalá, bajo las órdenes de Carlos Andrés Rivera Varela, *El Morro* o *La Firma*, identificado por la Fiscalía General de la República como líder regional del cártel.

El Vaca vivía en Puerto Vallarta, donde se cree que reclutó a gran parte de los pistoleros. Ahí tenía una doble vida: aparentaba ser un viajero y hombre de familia según sus redes sociales utilizadas con un seudónimo; sin embargo, autoridades jaliscienses y de Nayarit contaban con varias averiguaciones en su contra por secuestro y delitos contra la salud. Este autor cuenta con fotografías, obtenidas de videos, del momento exacto en que El Vaca y varios cómplices armados secuestran a un grupo de hombres cuyo paradero hasta ahora es desconocido.

Ahora bien, ¿por qué el Cártel Jalisco Nueva Generación querría matar al titular de la policía chilanga? Es una interrogante que ha engendrado toda clase de especulaciones e, inclusive, videos de encapuchados culpándolo de homicidios y corrupción, material cuya autenticidad está en duda. El Vaca dijo a las autoridades una serie de incongruencias y contradicciones, incluso intentó culpar de la agresión a Los Viagras, grupo delictivo contrario al CJNG en Michoacán. Rodaron otros nombres, como el de Jonathan Lenin Canchola, socio de La Unión y amo y señor de Cuajimalpa, pero sin ofrecer ninguna prueba y por lo tanto no ha pasado de rumor.

Como sea, nadie sabe con certeza la razón del atentado, pero diversos acontecimientos que sucedieron inmediatamente después parece que juegan un papel importante en la historia. La madrugada del 8 de julio, contra todo pronóstico, José Alberto Maldonado López, *El Betito*, líder de La Unión, fue sacado del Reclusorio Oriente y trasladado al Centro Federal de Readaptación Social 15 en Chiapas. Cuando fue detenido en 2018, fue llevado a una cárcel en Veracruz con el objetivo de dificultar su operación, pero no tardó mucho en ser regresado a Ciudad de México gracias a un amparo que obtuvo su poderoso bufete de abogados. Así se mantuvo casi dos años, pese al esfuerzo de las autoridades por internarlo en una prisión donde no pudiera corromper a celadores y así tener todas las facilidades para seguir al frente de su organización criminal. Pues bien, la madrugada del 8 de julio él, su mano derecha, David García Ramírez, *El Pistache*, y su socio, Óscar Andrés Flores Ramírez, *El Lunares*, fueron sacados de sus celdas y metidos a una camioneta de la Subsecretaría del Sistema Penitenciario, en la que fueron trasladados.

Pero el traslado se hizo de manera extraña: el conductor fingió que sacaba cosas del penal, en vez de personas, y el amparo que mantenía al Betito en el presidio capitalino seguía vigente. Nada informaron las autoridades, ni oficial ni extraoficialmente, como suelen hacer a través de sus áreas de comunicación social. Este autor obtuvo una fotografía que tomaron los agentes encargados del traslado. Se observa al jefe del cártel chilango mirando hacia la cámara, con una ligera sonrisa retadora. Un agente le baja el cubrebocas para que pueda verse el rostro de uno de los capos más sanguinarios que ha visto el Valle de México. Trae una sudadera gris con un estampado, ajena al uniforme carcelario; una barba perfectamente delineada y se le aprecia una complexión más delgada de la que tenía cuando lo capturaron. Asimismo, pese a que se injertó cabello, en la imagen de su traslado a Chiapas se le ve totalmente rapado y con algunas canas en la barba. Detrás de él se ve al Lunares, con un gesto que se pudiera interpretar como resignación; la cabeza echada un poco hacia atrás y una mueca característica de él, que es hacer una "trompa" con los labios. Viste una sudadera Nike y se le ve el cabello corto y bigote ralo.

¿Por qué se tomó la decisión de hacer un traslado clandestino a unos días del atentado contra Omar García Harfuch? Un movimiento así, en principio, no podría realizarse sin la anuencia de Claudia Sheinbaum, y a sabiendas de que muy probablemente esté destinado al fracaso, considerando que El Betito está amparado. ¿Para qué lo necesitaban lejos e incomunicado al menos hasta que sus abogados consigan acreditar la ilegalidad de la acción? Con él fue trasladado El Pistache, no así con quien detuvieron a éste último y comparte una causa penal: Daniel Eduardo León Cifuentes, *El Tiger*. ¿Y por qué no informar sobre el movimiento? Esto definitivamente afecta las entrañas de La Unión, la cual depende mucho del liderazgo y la cohesión que mantiene su líder, a pesar de que está organizada de manera tal que sus células operan independientemente. Es decir, la venta de droga y extorsiones continúan, sin importar si las cabezas del grupo criminal son cortadas, pero si se desatara una guerra o hubiera una situación extraordinaria, ahí sí pesaría la cercanía del Betito. En las corporaciones policiacas y en el seno de la política se cree que el ataque a Omar García Harfuch y el traslado del Betito están relacionados, pero no se sabe si como respuesta a algún tipo de exigencia de la mafia.

Apenas en febrero pasado, el CJNG arreció la violencia prácticamente en todas las entidades donde está asentado, supuestamente por la extradición de Rubén Oseguera González, *El Menchito*, hijo de Nemesio Oseguera Cervantes, *El Mencho*, el capo de capos en el CJNG. Eso se sumó al arresto de Johana, *La Negra*, hija del Mencho, y el anuncio de que las cuentas de la organización criminal serían congeladas por orden presidencial. La primera lectura que podríamos hacer es que, por un lado, los de Jalisco tienen una afrenta con el gobierno federal por los golpes en su contra y, por otro, intentan expandirse por todo el país, incluyendo la capital. No obstante, el traslado del Betito —que debilita a La Unión, grupo delictivo dominante en tierras chilangas— probablemente no haya sido una jugada para rendirse ante las exigencias del CJNG o una venganza personal por posibles acciones que encabezara García Harfuch cuando estaba al frente de la Agencia de Investigación Criminal, sino una jugada para facilitar la entrada de un tercer involucrado y bloquear al CJNG, alejándolo lo más posible de Los Pinos.

Fue llamativo que el propio secretario diera luz verde para que su equipo hiciera un tuit culpando al CJNG de su agresión. Lo hizo pocas horas después, cuando las indagatorias apenas habían comenzado. ¿Cómo sabía eso? ¿Bastaba con que lo hubieran amenazado antes? ¿Cómo comprobó que efectivamente se trataba de ellos?

Todo ello coincide de igual modo con un detalle que podría pasar inadvertido: hay indicios que permiten hipotetizar que

Eduardo Ramírez Tiburcio, *El Chori*, —contra quien pesa una orden de aprehensión por homicidio, vinculado con la desaparición de su exnovia, Atzin Molina, y señalado como cabecilla de La Unión— pudo haberse convertido en testigo protegido de autoridades federales. No se antoja tan descabellado si consideramos que El Chori quedó resentido con la cúpula del cártel, particularmente con El Elvis, luego de que en 2016 mataran a su mejor amigo, Joshio o Yoshio Centeno Pérez, *El Japonés*, a quien acusaban de meterse con la esposa del Elvis. En agosto de ese año, hubo un convivio en el restaurante La Polar, de la céntrica colonia San Rafael, donde se decidió "mandar al Japonés de vacaciones" —como se estila en La Unión al referirse a un asesinato—, cosa que sucedió días más tarde. Se dice que El Chori intentó interceder por su amigo de la infancia, pero no lo logró y, de hecho, se decidió que a partir de ese momento estaría bajo las órdenes del Elvis.

Por varias semanas El Chori se desapareció, pues supuestamente creía que lo iban a matar a él también, cosa que al final no ocurrió. La confianza hacia él no volvió a ser la misma, a diferencia de su sobrino El Huguito, quien se consolidó en la estructura mafiosa del Betito. ¿Qué clase de información podría aportar este individuo a las autoridades? Mucha y muy valiosa. Podría mermar a La Unión desde adentro.

Otro dato interesante: entre La Unión y el CJNG hay una conexión de la que aún se ignora su alcance. En el Reclusorio Norte está preso un joven apodado *Alain*, sentenciado por el feminicidio de su exnovia, Fernanda, quien en junio de 2016 se interpuso en el ataque a tiros contra su pareja, Luis Fernando, en calles de la alcaldía Gustavo A. Madero. Alain fue miembro de La Unión hasta 2016, cuando decidió salirse porque no le permitían convertirse en sicario. Alain es oriundo de la colonia CTM El Risco, al norte de la ciudad, donde tiene sus reales una banda delictiva que se investiga por ayudar al CJNG en el atentado contra García Harfuch. Se trata de Los Acme, dedicados fundamentalmente a la venta de droga. Empero, no son un grupo mafioso de medio pelo, pese a nunca haber aparecido en medios de comunicación hasta lo ocurrido con el secretario. Por años han sido investigados por agentes federales, pues presuntamente ayudan a un cártel a sacar cargamentos de droga del aeropuerto capitalino. Alain se unió a ellos y en el Reclusorio Norte es harto conocido; incluso se ha tomado fotos con gorras que tiene bordado "Acme". Todo pasa mientras autoridades penitenciarias y federales saben que aún mantiene contacto telefónico con El Uriel, su antiguo patrón, mano derecha de Mi Jefe, uno de los principales líderes de La Unión todavía en libertad. Los Acme fueron ligados al atentado porque de su bodega en la CTM El Risco salió la camioneta Suburban y la de redilas que llevaba a los gatilleros. El Vaca, probable organizador de la agresión contra García Harfuch, los protegió al callar sobre ellos, pero la información ya la tenían las autoridades federales, las cuales semanas antes del ataque buscaban catear esa bodega, pero por alguna razón no pudieron hacerlo. Esto no significa que supieran lo que iba a pasar contra el jefe policiaco, pero es probable que estuvieran detrás de algo sumamente importante ligado a Los Acme.

Con el encarcelamiento del Betito se fracturó la conexión que La Unión había hecho en Colombia para obtener cocaína. Con el arresto de El Lunares, proveedor suplente y la crisis por la pandemia de Covid-19, el cártel batalla para conseguir droga. Existe la posibilidad de que El Alain sirviera como puente entre Los Acme y La Unión, pero se ignora si esto se concretó. Lo cierto es que El Uriel, con quien se presume que El Alain ha mantenido comunicación para operar asuntos mafiosos en el Reclusorio Norte, hizo un viaje a Ámsterdam, donde vive su hermana, casada con un ciudadano holandés, con el fin de abrir horizontes para el cártel, proyecto que se congeló por la detención del Betito.

De acuerdo con información de la Fiscalía General de la República, La Unión tiene un par de aeronaves para traer cocaína de Colombia, ambas adquiridas por El Betito, que no volvieron a usarse tras enrarecerse su relación con su abastecedora colombiana. La Unión todavía domina el Valle de México y opera en Puebla, Veracruz y Quintana Roo. Pero con El Betito en un penal federal, y mientras el gobierno de Andrés Manuel López Obrador busca cerrarle el paso a Ciudad de México al cártel del Mencho, parece la oportunidad que necesitaba un tercer protagonista. ¿Quién sería ese tercer implicado? ¿Qué cartel querría controlar el mercado más importante del país? Después de tantas décadas, ¿ha llegado el tiempo de Ismael El Mayo Zambada?

Índice onomastico

A Bronx Tale (película), 117

Abarca, José Luis, 16

Acapulco Shore (programa de TV), 96, 135, 176

Acme, Los, 237, 238

Agencia de Investigación Criminal, 125, 150, 162

Aguilar Jaime, Adalberto, 61

Aguinaga Torres, Jonathan Óscar, *El Cholo*, 30-32

Alcántara, Sergio, *El Checo*, 125

almuerzo desnudo, El (Burroughs), 172

Amieva, José Ramón, 145

Andrés Felipe, *El Colocho*, 194, 203

Andueza Velázquez, Ricardo, *El Miraviones*, 75, 76, 79, 81

Anti-Unión de Tepito, La, 74, 84, 130, 132, 134, 136, 142, 144, 147, 150, 151, 154, 212, 217-219

Añorve Baños, Manuel, 187

Apaez Romo, Carlos, 98-100, 122

Arenas Reyes, Axel, 167, 169

Arenas Reyes, Juan Iván, *El Pulga*, 83, 84, 100, 106, 109, 111, 122, 123, 134-139, 142, 144, 152, 154, 158, 168, 182, 197

Armenta Reséndiz, Jorge Antonio, 36

Ávila Fuentes, Víctor Hugo, *El Huguito*, 83, 122, 147, 151, 152, 159, 182, 236

Balderas Garza, José Jorge, *El JJ*, 24, 156

Baltazar, Juan, *El Balta*, 124, 125

Barajas Perdomo, Víctor Jesús, *El Chucho*, 130, 131, 147, 148

Bautista, Juana Camila, 163, 170

Beltrán Leyva, Arturo, *El Jefe de Jefes*, 15-17, 21, 23, 36, 56, 86, 214

Beltrán Leyva, Héctor, 22, 23

Bolaños, Claudia, 54

Briseño de los Santos, José Armando, *El Vaca*, 231, 232, 237

Burroughs, William, 172

Caballeros Templarios, Los, 212, 213
Cabañas, Salvador, 24, 156
Cabrera Jiménez, Edwin Agustín, Antuán, 35-37, 41, 49, 50, 54, 55, 57, 58, 62-64
Caletri, Andrés, 118
Cámara de Diputados, 73
Camarena, Enrique, Kiki, 77
Camarillo, Alexis Adán, 102
Camarillo, Los, 60, 25, 102, 128
Camarillo, Raymundo, 102
Camarillo Feijoo, Judith, 60
Camarillo Salas, Fidel, El Papirín, 60, 101
Camarillo Salas, Mario, 60
Canchola, Jonathan Lenin, 124, 232
Cárdenas Guillén, Ezequiel, Tony Tormenta, 214
Caro Quintero, Rafael, 77
Carpintero Maza, Ricardo, 217
Cártel de Guadalajara, 77
Cártel de Jalisco Nueva Generación (CJNG), 21, 22, 102, 132, 144, 213, 218, 231, 232, 235-237
Cártel de Juárez, 77
Cártel de los Beltrán Leyva, 17, 19, 36, 48, 49, 56, 58, 62, 82, 103, 212
Cártel de Sinaloa, 17, 21, 102
Cártel del Centro, 103
Cártel del Golfo, 36, 107, 110, 156, 213

Cártel del Norte del Valle, 18, 44
Cártel Independiente de Acapulco, 103
Castillo Jaime, Enrique, 61
Castro Moreno, Jorge, 16, 59. Véase también Juárez Orozco, Juan
Castro Moreno, Rachif, 59. Véase también Juárez, Rachid
Centeno Pérez, Joshio o Yoshio, El Japonés, 236
Chávez Cabrera, Luis Felipe, El Damián o El Pavo, 36, 50, 63, 69, 97
Cibernético, El, 113, 114
Cisen (Centro de Investigación y Seguridad Nacional), 38, 44, 67, 68, 74, 76, 96, 106, 108, 123, 151, 164, 215
Ciudad de Dios (película), 83
Collins, Raymundo, 132
Conde, Marco Antonio, 186, 187
Contreras Hernández, Paulo Sergio, El Avispa, 75, 76, 78, 80
Costilla Sánchez, José Eduardo, El Coss, 156
Cox, Carl, 109
Crisóstomo Rico, Yessica, 27, 31
Crónica, La (publicación), 28
Crowell, Brian R., 17
Cuatro Lunas (película), 160

Departamento de Justicia de Estados Unidos, 18, 44-46

Diario de Veracruz, El (publicación), 186
Dithurbide, Danielle, 19
Drug Enforcement Administration (DEA), 17, 45, 77
Duarte, Javier, 80
Duque Reyes, Luis Eusebio, *El Duke de Juárez*, 76-81, 149

Ebrard, Marcelo, 38
El Alexis, 122, 136-138, 194
El Colosio, 59, 62
El Elvis, 83, 117, 122, 181, 182, 236
El Germán, 122
El Güero Versace, 125, 137
El H, 125
El Hormiga, 61, 86, 139
El Irving, 83, 122, 151, 182
El Mamado, 77, 78
El Manzanas, 83, 109, 122, 151, 182
El Mariano, 90
El Maistrín, 130
El Mi Jefe, 83, 109, 117, 122, 175, 181, 182, 237
El Negro Aguas, 124
El Pera, 122, 173
El Perejil, 122
El Pibe, 202
El Piña, 196
El Salchicha con Huevo, 61
El Tío Bayron, 174
El Tomate, 109, 122, 126, 127, 147
El Woody, 203

En el camino (Kerouac), 172
Enamorándonos (programa de TV), 175
Equihua, Antonio, 204
Espinosa, Rubén, 80
Espinoza García, Axel, *El Axel*, 157
Estado Mayor Policial, 157
Excélsior (publicación), 110

Familia Michoacana, 54, 212
Félix Gallardo, Miguel Ángel, 77
Fernando Molina, Luis Enrique, 187
Financiero, El / Bloomberg, 145
Finol, Kenny, 164, 165, 167
Finol, Mireya, 164
Fiscalía General de la República (FGR), 106, 186, 189, 231, 238
Subsecretaría de Información e inteligencia Policial, 183
Flores, Alan, 193
Flores, Jonathan, 72, 73
Flores, Omar, 72
Flores, Roberto Francisco, 72
Flores Conchas, Guillermo Sabino, 126, 127
Flores Conchas, Jorge, *El Tortas*, 24, 32, 70-75, 77, 78, 80, 81, 84, 123, 126, 127, 130-132, 142-145, 147-151, 177, 212, 217-219
Flores Conchas, José Arturo, 217
Flores Conchas, José Luis, 72, 74, 81, 151
Flores Conchas, Ramón, 217

Flores Conchas, Uriel, 151, 218

Flores Díaz, Osmar, *El Osmar*, 194, 207, 213

Flores Felipe, Jeremías, 188

Flores Galicia, José Jorge, 218

Flores Ramírez, Óscar Andrés, *El Lunares*, 61, 124, 125, 190, 210-214, 218, 233, 234, 238

Fortis Mayén, Juan Luis, 28

Fortis Mayén, María Teresa, 27, 31, 41

Fuentes, David, 26n, 149

Galanis, Jason, 187

Gallegos, Zorayda, 94

García Harfuch, Omar, 125, 162, 229-231, 234, 235, 237

García Ramírez, David, *El Pistache*, 83, 96, 98, 99, 109, 122, 135, 141, 142, 151, 157-159, 161, 172, 177-182, 186, 188, 189, 192, 195, 197, 199-202, 207, 218, 222, 223, 233, 234

Garrido Osorio, Edmundo, 168

Gazal, Guillermo, 88

Gil García, José, 77, 161

Godoy, Ernestina, 19

Gómez, Gabriela, 229

Gómez Álvarez, Agustín, 72, 73

Gómez Cruz, Tania, 78

Gómez Torres, María Margarita, 62

Góngora Alejandro, Raúl, 187

González, Manelyk, 135

González Álvarez, Alfredo, 58

González López, Édgar Uriel, *El*

Uriel, 83, 109, 111, 122, 182, 237

Grodzinski, Karen Ailén, 167-170

Grupo Aeromóvil de Fuerzas Especiales del Ejército (GAFES), 214

Guerra Hudec, María, 182, 184

Guerreros Unidos, 21

Guns N' Roses, 115

Guzmán, Alejandra, 188

Guzmán, Joaquín, *El Chapo*, 22, 76, 118, 156

Heraldo, El (publicación), 16

Hernández Gómez, Armando, *El Ostión*, 57, 59-62, 128

Hernández Gómez, Francisco Javier, *Pancho Cayagua*, 25, 45, 50, 57, 59-62, 64, 81, 82, 86, 102, 103, 125, 128, 129, 139

Hernández Gómez, Julio César, 62

Hernández Gómez, María Magdalena, 62

Hernández Gómez, Víctor Hugo, 62

Hernández Hernández, Manuel, 62

Hernández Martínez, Evert Isaac, 30, 31

Herrera, Cristóbal, 184

Holocausto caníbal (película), 78

Huerta, Tenoch, 77

Inegi (Instituto Nacional de Estadística y Geografía), 51, 95

Instituto Federal de Acceso a la Información, 225

Instituto Nacional Electoral (INE), 183

Jamsha, 171, 228
Juárez Loyola, Ignacio, 73
Juárez, Rachid, *El Árabe*, 19, 24, 25, 45, 48, 63, 82, 86, 90, 93, 94, 103, 106-108, 125, 129. *Véase también* Castro Moreno, Rachif
Juárez Orozco, Juan, *El Abuelo*, 15-21, 24, 25, 32, 37, 44-47, 56, 57, 62-64, 82, 86, 93, 94, 103, 107, 116, 126, 129, 190, 198, 204, 214. *Véase también* Castro Moreno, Jorge
Juárez, *El Bebé*, 106, 108, 214

Kerouac, Jack, 172
Kilos, Los, 86, 216

L. A. Park, 113, 114
Labastida Cortés, Enrique, 80
Lanz Duret, Juan Francisco Ealy, 149
Larios Tierrablanca, Cristian Omar, *El Kikín*, 23, 32, 78, 97, 123
Larios Tierrablanca, Marcos Hugo, 32
Larios Tierrablanca, Ariel, 32
León Cifuentes, Daniel Eduardo, *El Tiger*, 122, 158, 159, 161, 193, 197, 234
Lima Cortés, Wendy Vaneska, 170

López Castillo, Ricardo, *El Richard* o *El Moco*, 25, 44, 45, 48, 50, 53, 55-57, 59, 62-64, 94, 102, 129, 213
López de Santa Anna, Antonio, 39
López Martínez, Ana Yadira, 216
López Martínez, Christian Jovanni, 216
López Martínez, Héctor Hugo, 216
López Martínez, Mario Javier, *El Kilo*, 216
López Muñoz, Juana, 38, 65
López Obrador, Andrés Manuel, 134, 186, 238
Lugo Lara, Hermenegildo, 157
Luna, Diego, 77

Machetes, Los, 127
Magaña, César, 35
Magaña, Germán, *Malandrín*, 35, 34
Magaña, Manuel, 35
Malandrines, Los, 35, 36
Maldonado Báez, José, 38, 65
Maldonado López, Ana Lilia Leticia, 38
Maldonado López, familia, 66
Maldonado López, Gabriela Moramay Carolina, 38
Maldonado López, José Alberto, *El Betito*, 25, 30, 38-40, 45, 50, 56, 57, 59, 64, 66-68, 81-83, 85, 86, 88-93, 97, 101, 102, 105-109, 111, 115-119, 122, 124, 125, 127, 128, 130, 134, 135, 137, 139, 142,

143, 152, 158, 159, 163, 167, 175-
182, 185, 189, 194, 198, 200, 210,
212, 214, 215, 217, 232-235, 238.
Véase también Mollado Esparza,
Roberto,
Maldonado López, José Arturo
Mauro, *Guerrero*, 38, 39, 66, 83,
122, 179, 180
Maldonado López, María Elizabeth,
38
Maldonado López, María
Enriqueta, 38, 39, 65
Maldonado López, María Eugenia,
38, 39
Maldonado López, María
Guadalupe Verónica, 38, 216
Maldonado López, María
Magdalena Judith, 38
Maldonado López, Ramón, 38
Maldonado López, Rosana Patricia,
38, 216, 217
Maldonado Vilchis, Carlos, 70, 71
Mancera, Miguel Ángel, 56, 78, 80,
87, 117, 145
Mano con ojos, La, 20, 26, 79, 103
Manrique Salas, Rubén, 187
Marina, 16, 133, 203
Martí, Alejandro, 204
Martí, Fernando, 204
Mayweather, Floyd, 176, 177
McGregor, Conor, 176
Mexicanos Contra la Corrupción y
la Impunidad, 93

Miguel, *El Cejas*, 128
Miguel, *El Miguelón*, 24, 130
Milenio (publicación), 138
Miranda, Fabián, *El Fabián*, 89-92
Miranda González, Bryan Mauricio,
El Pozoles, 164-166
Miranda Peralta, Francisco, 164
Moguel, Beatriz, 185
Molina Salinas, María de Jesús, 226
Molina, Atzin, 171-174, 226, 227,
240
Mollado Esparza, Jesús, 39, 65, 66
Mollado Esparza, Roberto, 65, 190.
Véase también Maldonado López,
José Alberto
Montalvo Suasteguí, Martín, *El
Moguita*, 152
Montes de Oca Rosales, Óscar, 53,
54, 87
Morales Baltazar, Karina Itzel, 137,
138
Moreno Rivera, Israel, 126
Mucha Lucha (caricatura), 84
Muedano, Marcos, 110, 111
Muñoz Juárez, Hubert Isaac, 152
Muñoz Rosario, Ismael, *El Men*, 61
Murrieta Jasso, Heriberto, *La Pepa*,
80

Narco CDMX (Romandía, Fuentes y
Nieto), 23, 26n, 55, 149
Narcos: México (serie TV), 77
Neri Delgado, Gustavo

Nieto, Antonio, 26n
Niro, Robert De, 117, 161
Nolasco Cruz, Carlos, 169
Noriega, Jorge, *El Mitzuru*, 157, 194, 207
Noriega Mariñelarena, Jorge Alberto, 199
Nuestro derecho a las drogas (Szasz), 95
Nuevo Heraldo (publicación), 164
Núñez Oceguera, Carlo Rainer, 99

Obama, Barack, 46
Ornelas, Ramón, 219
Ortiz Mayén, Arturo, 133
Ortiz Reyes, Jorge, *El Tanque*, 55, 60
Ortiz, Jerzy, 55, 60
Oseguera, Johana, *La Negra*, 235
Oseguera Cervantes, Nemesio, *El Mencho*, 235, 238
Oseguera González, Rubén, *El Menchito*, 235

Paco Stanley, 73
Panamá América (publicación), 47
Paniagua Paniagua, Roberto, 67
Paquita la del Barrio, 67
Partido Acción Nacional (PAN), 73
Partido Revolucionario Institucional (PRI), 80
Partido Verde Ecologista de México (PVEM), 73

Patines, Los, 125, 130
Pellejos, Los, 49
Pelones. Los, 82
Peña Nieto, Enrique, 41, 117
Peralta Ahuatzi, Mauricio, *El Pata Negra*, 157, 160
Peralta Alvarado, Raúl, 133
Peralta Vázquez, Héctor, 118
Pérez Luna, Felipe de Jesús, *El Ojos*, 117, 118, 124
Pérez, Luis Felipe, *El Felipillo*, 118, 124
Perros de Coyoacán, Los, 60, 125
Pilos, Los, 64
Pineda Villa, Alberto, 16
Pineda Villa, María de los Ángeles, 16
Pineda Villa, Mario, 16
Pliego Fuentes, Alberto, 73
Policía Federal (PF), 133, 177
Primas, Las, 72
Procuraduría General de la República (PGR), 21, 24, 25, 32, 35, 43-46, 54, 55, 58, 64, 68, 80, 91, 107, 153, 163, 177, 180, 184, 188
Puebla León, José Emanuel, *El Ovni* o *El Puebla*, 194, 204-207

Quintanilla, Beto, 155
Quintero Payán, Juan José, 77,

Ramírez Beltrán, Armando, 91

Ramírez Muñoz, Sergio Arturo, 180
Ramírez Pérez, Pedro, *El Jamón*, 83, 86, 122-124, 163, 181, 182
Ramírez Tiburcio, Eduardo, *El Chori*, 83, 172-174, 236
Recodo, El, 42
Reforma (publicación), 19, 87, 167
Ríos Garza, Rodolfo, 87
Rivera Varela, Carlos Andrés, *El Morro* o *La Firma*, 231
Rodolfos de Xocimilco, Los 125
Rodríguez Jiménez, Jaime Geovanni, *El Tiburón*, 97, 123
Rodríguez Lara, Leticia, *Doña Lety*, 107
Rodríguez Ledesma, hermanos, 58
Rodríguez Lu, Zulay, 46-48
Rodríguez Muñoz, José Miguel, *El Cabezas*, 151, 218
Rojas, Héctor, *El Enano*, 46-48
Rojos, Los, 21
Romandía, Sandra, 26n
Romano, Rubén Omar, 124
Romero Verdugo, Cinthya Mercedes, 118
Ronquillo, Norberto, 180, 194, 204-207
Ruiz, Gaby, 135
Ruiz Maciel, Juan Antonio, 87, 88, 90

Salgado, Daniel, 219
Sánchez Canchola, José Luis, 124
Sánchez García, Said, 55

Sánchez Ley, Laura, 94
Sánchez Oropeza, Omar, *El Gaznate*, 131
Sánchez Zamudio, Alejandro, *El Papis*, 55
Sandoval Pastrana, Gabriel, *El Perro*, 83, 86, 181, 182
Santoyo Cervantes, Antonio Ignacio, *El Soni*, 163, 169, 170
Santoyo Cervantes, Guillermo, 163
Santoyo Navidad, Gabriel, 160
Secretaría de Desarrollo Económico (Sedeco), 164
Secretaría de Educación Pública (SEP), 187
Secretaría de Hacienda y Crédito Público (SHCP), 185, 186
Unidad de Inteligencia Financiera (UIF), 185
Secretaría de la Defensa Nacional (Sedena), 44
Secretaría de Seguridad Ciudadana (SSC), 203, 218, 229
Secretaría de Seguridad Pública (SSP), 72, 76, 77, 97, 125, 188
Secretaría del Trabajo y Previsión Social (STPS), 187
Sheinbaum, Claudia, 231, 234
Silla Rota, La (portal), 180, 205, 211
South Park (caricatura), 158
Subprocuraduría Especializada en Investigación de Delincuencia Organizada (SEIDO), 162, 192

Szasz, Thomas, 95

Tinoco Gancedo, Marcos, *El Coronel*, 118
Toñito, 122

Ulises, *El Tío Liches*, 101
Una película serbia (película), 78
Unión Insurgentes, La, 20, 37, 57, 63, 69, 94, 96, 188
Unión Tepito, La, 13, 19-24, 26, 30, 31, 36, 37, 38, 41, 43-46, 48-51, 53, 56-59, 61-66, 69-71, 76, 78, 81, 84, 86, 88-96, 101-103, 105-109, 111, 114, 115, 117-119, 122-127, 129-135, 137-139, 141-144, 147, 151, 153, 156, 157, 159, 161, 163, 167, 170, 171, 173-175, 177, 180, 182, 183, 185, 188, 190, 192, 195, 197, 199, 201, 203, 204, 207, 210, 213-217, 222, 223, 225, 226, 232, 234-238
Universal, El (publicación), 54, 133, 149, 167
Uribe Reyes, Daniel, 171

Valdez Villarreal, Édgar, *La Barbie*, 15-17, 19, 20, 22-24, 26, 32, 36, 37, 46, 49, 57, 63, 69, 70, 78, 97, 103, 123, 126, 155, 156

Valle Gómez, Panchito, 86
Valles Salas, José del Pilar, 64
Valles Salas, Pedro, 64
Varela, Mark, 194, 222-225
Vargas, Nelson, 204
Vargas Escalera, Silvia, 204
Vázquez Alor, Chicho, 159, 194
Vázquez Alor, Valeria, 159, 194
Vázquez Alor, Víctor, *El Alor*, 157-160, 188, 189, 192-194, 196, 198-203, 207, 222, 223
Vega Esquivel, Alejandro, 183, 184, 189
Vega Lemus, Abdiel, *El Grande*, 53, 62
Vera, Nadia, 80
Viagras, Los, 232
Vite Ángel, *El Hummer*, 58
Vite Ángel, Horacio, *El Oaxaco*, 50, 52-59, 62, 63, 135, 152
Vollmer, Joan, 172

Walking Dead, The (serie de TV), 158

Zaleta, Eduardo Clemente, *El Bandido*, 157, 194, 197, 202, 203
Zambada, Ismael, *El Mayo*, 17, 23, 48, 125, 156
Zetas, Los, 21, 56, 62, 93, 104-108, 212-214

El cártel chilango de Antonio Nieto
se terminó de imprimir en noviembre de 2020
en los talleres de
Litográfica Ingramex, S.A. de C.V.,
Centeno 162-1, Col. Granjas Esmeralda, C.P. 09810,
Ciudad de México.